Antje Schunka

Raffiniert würzen leicht gemacht

Köstlich kochen mit Kräutern und Gewürzen. Rat und reizvolle Rezept-Ideen

GU

Gräfe und Unzer

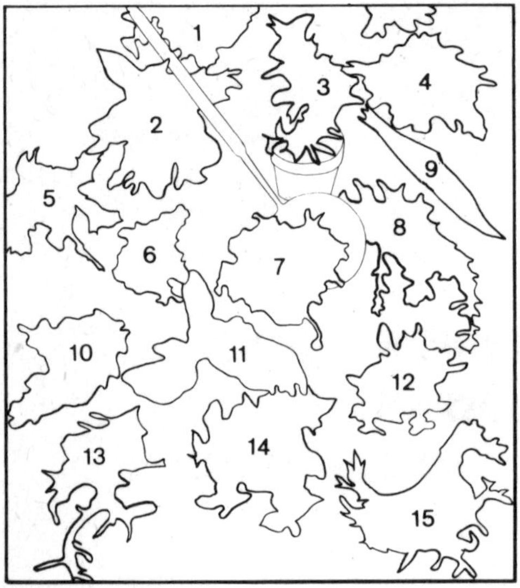

Wichtige Kräuter,
Farbtafel auf der 2. Umschlagseite

1 Zitronenmelisse
2 Basilikum
3 Rosmarin
4 Liebstöckel
5 Dill
6 Pimpinelle
7 Thymian
8 Bergbohnenkraut
9 Schnittlauch
10 Majoran
11 Borretsch
12 Pfefferminze
13 Estragon
14 Oregano
15 Bohnenkraut

Antje Schunka
gelernte Buchhändlerin und Lektorin, kam von der Theorie zur Praxis. Schon vor ihrer Spezialisierung auf Kulinarisches – seit nunmehr 20 Jahren – sammelte sie Kochbücher, notierte Küchentips. Beim Lesen und Redigieren raffinierter Rezepte überfiel sie regelmäßig großer Appetit. Aus den ersten Versuchen wurde ein leidenschaftliches Hobby. Sie ist allerdings der Meinung, man dürfe nicht immer sklavisch nach dem Buchstaben kochen und vor allem würzen, Nase und Zunge, Gefühl und Phantasie seien zum Gelingen köstlicher Speisen fast ebenso wichtig. Der tägliche Erfolg bestätigt es ihr.

CIP-Kurztitelaufnahme der Deutschen Bibliothek

Schunka, Antje:
Raffiniert würzen leicht gemacht: köstl. Kochen mit Kräutern u. Gewürzen; Rat und reizvolle Rezept-Ideen/Antje Schunka - 5. Aufl. - München: Gräfe und Unzer, 1987
ISBN 3-7742-5023-5

5. Auflage 1987

Farbfotos: Fotostudio Teubner
Zeichnungen: Ingrid Schütz
Umschlaggestaltung: Heinz Kraxenberger
Satz und Druck: Appl, Wemding
Reproduktion: Brend'amour, Simhart & Co.
Bindung: R. Oldenbourg

ISBN 3-7742-5023-5

Sie finden in diesem Buch

Ein Wort zuvor

»Würzen ist die Krönung der Kochkunst«, das weiß jeder Feinschmecker. Doch die Fülle der Würzmittel, die uns heute von nah und fern geboten wird, ist auf Anhieb kaum überschaubar. Dieser neue GU Küchen-Ratgeber will Ihnen Rat und Ideen an die Hand geben, damit Sie auch Ihre Kochkunst durch raffinierte Würze krönen. Was Sie mitbringen sollten, ist Liebe zum Kochen, Fingerspitzengefühl und ein wenig Mut zu Neuem.

In diesem Buch erfahren Sie alles Wissenswerte über den Umgang mit Kräutern und Gewürzen (Seite 5ff.). Ich mache Sie mit beliebten und häufig verwendeten Würzmitteln vertraut, wie Sie einkaufen, aufbewahren und richtig dosieren (Seite 9ff.). Mit köstlichen Rezepten aus aller Welt werden Sie problemlos raffiniert Gewürztes auf den Tisch zaubern (Seite 24ff.). Und die große Übersicht (Seite 50ff.) informiert Sie rasch über die vielfältigen Verwendungsmöglichkeiten von über 70 Kräutern und Gewürzen.

Wann der Mensch zum ersten Mal gewürzt hat, läßt sich nicht genau feststellen. Wir wissen aber, daß man schon seit etwa 5000 Jahren Gewürze kennt. Das Wort »Gewürze«, abgeleitet vom althochdeutschen »wurz«, definiert das Lexikon mit »Stoffe, mit denen Lebensmittel schmackhaft gemacht werden«. Die Gewürze – und Kräuter – sollen das Eigenaroma der Speisen unterstützen, sie reizvoller, oft auch bekömmlicher machen, weshalb es in erster Linie auf die »rechte Würze« ankommt: auf die Kombination und das richtige Maß.

Vielfach waren Gewürze die Urheber weltgeschichtlicher Ereignisse. Man entdeckte Länder und Kontinente, Städte blühten auf, Handelsherren, von den Neidern als »Pfeffersäcke« beschimpft, wurden unermeßlich reich. Manches Kräutlein war allerdings auch bei uns von Anfang an heimisch, man suchte es in Wald und Wiese, hegte und züchtete es in Klostergärten. Früh schon war die Heilkunst mit der segensreichen Wirkung vieler Würzmittel vertraut. Manchmal verwischte sich die Grenze von da zur Magie und Hexerei.

Im Laufe des 19. Jahrhunderts ging das Interesse an der Würzkunst zurück. Die Phantasie der Köchinnen blieb häufig auf Salz, Pfeffer, Petersilie und Schnittlauch beschränkt. Erst in den letzten Jahrzehnten hat sich das zum Glück gewandelt. Die Reiselust, die Neugier, in fremde Töpfe zu schauen, das Bedürfnis, abwechslungsreicher, gesünder und raffinierter zu kochen, hat uns den heimatlichen und den exotischen Reichtum neu beschert. Hinzu kamen die Schöpfungen der Industrie an Würzmischungen und -saucen, von denen auch die Rede sein wird (S. 66ff.).

Damit die Fülle des Angebots für Sie überschaubar wird, Sie die Wahl treffen und das Raffinierteste daraus machen können, entstand dieses Buch.

Meine Erfahrungen mit der Würzkunst begannen vor einem wohlgefüllten Gewürzschrank, den ich geerbt hatte. Da stand ich nun vor der Vielfalt, schnupperte, probierte zaghaft und hatte »Spickzettel« zur Hand. Allmählich lernte ich, welche Kräuter sich mit bestimmten Speisen besonders gut vertragen, daß es gute und mäßige Qualität bei Gewürzen gibt. Bis schließlich raffiniert Würzen zu einem Hobby wurde, das viel Spaß macht.

Damit Sie rascher zum Ziel kommen, habe ich die Erfahrungen der Würzmeister – und meine ganz persönlichen – hier aufgeschrieben. Bald werden Sie bestätigen: »Würzen ist eine Kunst« – aber es ist nicht schwer, ein Künstler zu werden.

Ihre Antje Schunka

Der Seeweg nach Indien

Gewürze einst und heute

Wenn wir den Weg mancher Gewürze von ihrer Entdeckung bis in unseren modernen Gewürzschrank verfolgen wollten, müßten wir bei einigen um Jahrtausende zurückgehen und würden für jedes einzelne ein dickes Geschichtsbuch zustandebringen. Zeitweise waren etwa Pfeffer oder Nelken so viel wert wie Gold, und wer etwa im Mittelalter in seiner Küche Gewürze verwenden ließ, konnte nur ein wohlhabender Mann sein.

Im Orient, im fernen Ostasien und auf den »Gewürzinseln« haben die meisten »Spezereien« ihren Ursprung. Viel Mühe hat es Karawanenführer, Feldherren, Seefahrer, Abenteurer gekostet, damit wir heute in den Laden gehen und Bourbon-Vanille oder grünen Madagaskar-Pfeffer kaufen können. Sogar Salz war so kostbar, daß man die Salzfässer bei Tisch mit einem Schloß versah, zu dem nur der Hausvater den Schlüssel verwaltete. Christoph Columbus hat den begehrten Seeweg nach Indien nicht gefunden, dennoch hat auch er aus der »Neuen Welt« manches Gewürz mit nach Hause gebracht, das für uns heute, wie zum Beispiel der Paprika, selbstverständlich ist.

Frisch gemahlene Gewürze sind die besten, aber jedes, auch jede Pfeffersorte, braucht eine eigene Mühle.

Schon die Menschen der Steinzeit sollen Gewürze gekannt haben, doch Beweise dafür gibt es »erst« seit etwa 5000 Jahren, wobei Thymian, Kümmel, Knoblauch und Koriander zu den ältesten gehören. Manches Gewürz hat mit der Zeit an Beliebtheit verloren, manches »entdecken« wir heute sozusagen neu. Am umstrittensten war wohl zu allen Zeiten der Handel mit Pfeffer, lange Zeit sogar fast der Inbegriff für Gewürze überhaupt. So nannte man das neue Gewürz Paprika zur Zeit seiner Entdeckung »spanischer« oder »türkischer« Pfeffer; das »Pfefferland« und die reichen »Pfeffersäcke« sind in den Sprachgebrauch eingegangen.

Wer seit den Zeiten der Babylonier im Gewürzhandel tonangebend war, hatte auch in der Politik die Macht – Paradebeispiel dafür ist Venedig. Doch sind im Gefolge des Gewürzhandels nicht nur Machtkämpfe unter den Großen ausgetragen worden. Der Ehrgeiz hat auch die Forscher beschäftigt, und wissensdurstige Männer wie Marco Polo und viele andere haben lange vor der Zeit des Telefons und des Fernsehens von der Ferne berichtet.

Heute ist der Gewürzhandel sachlich geworden, und wir können in unserem »Laden um die Ecke« problemlos aus dem Vollen schöpfen. Doch sollten wir beim Kauf auch kritisch sein und gerade bei Gewürzen nicht sparen. Besser ist es, nur eine kleinere Anzahl von Würzmitteln im Vorrat zu haben, von denen Sie wissen, daß sie frisch und unverfälscht sind, und vor allem, die Sie häufig genug brauchen, als eine große Auswahl, die durch langes Lagern schon »verduftet« und wertlos geworden ist.

Als Gewürze bezeichnet man genaugenommen jene Würzstoffe, die aus Wurzeln, Blättern, Rinden, Blüten, Früchten und Samen

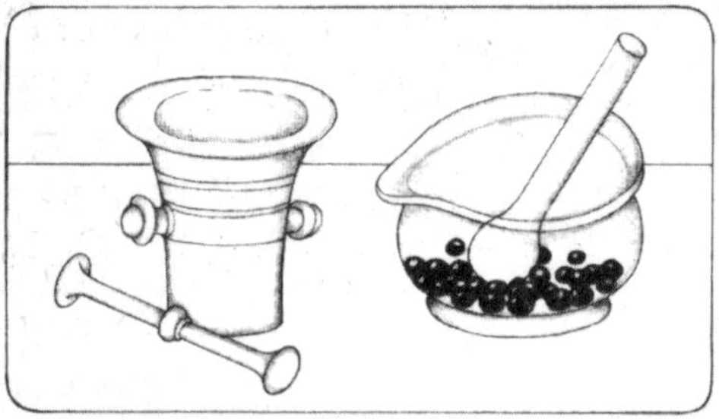

Mörser aus Porzellan oder Glas sind zum Zerstoßen von Gewürzen oder Zermusen von Kräutern praktisch.

gewonnen werden. Zum größten Teil stammen sie aus tropischen Gebieten. Sie werden getrocknet angeboten und verwendet. Man dosiert Gewürze im allgemeinen vorsichtig, im Gegensatz zu den Kräutern. Meist genügt pro Person eine Messerspitze oder eine Prise (es gibt Ausnahmen!). Nachwürzen können Sie immer, aber eine überwürzte Speise ist nicht mehr zu retten. Viele Gewürze werden mitgegart, manche steigern dabei ihre Würzkraft.

Einige allgemeine Regeln für Gewürze

- Kaufen Sie Markenqualität. Manches Gewürz gibt es nur in speziellen Gewürzläden oder sogar in der Apotheke. Es lohnt sich. Überalterte oder verfälschte billige Gewürze sind nämlich wertlos.
- Prüfen Sie, ob die Gläser gut verschlossen sind. Lehnen Sie Papiertütchen ab. Folienverpackung schützt Gewürze so lange, wie Sie sie nicht öffnen; dann aber müssen Sie umfüllen. Und jetzt kommt etwas sehr Wichtiges! Ein Gewürzbord mit hell-durchsichtigen Gläschen ist zwar in der Küche sehr dekorativ, schadet aber Ihrem Vorrat. Gewürze sollen lichtgeschützt (dunkle Gläser, Schrank) und gut verschlossen (Schraubdeckel, Glasstöpsel, nicht Kunststoff) aufbewahrt werden.
- Viele Gewürze kann man im Ganzen kaufen und selbst zerkleinern. Sie bewahren ihr Aroma wesentlich besser und geben es erst ab, wenn sie gebraucht werden. Es gibt hübsche und praktische Geräte (Mühlen, Mörser aus Glas oder Porzellan, Reiben), die entweder nur für ein einziges Gewürz reserviert – auch für jede Pfeffersorte eine eigene Pfeffermühle! – oder jeweils nach Gebrauch gut gereinigt werden müssen. Nur so erzielen Sie die unverfälschte spezifische Würze.
- Wenn Sie ein Gewürz nur zerkleinert bekommen können, dann möglichst grobkörnig, wenn als Pulver, dann nur in kleiner Menge, die rasch aufgebraucht ist. Wenigstens einmal im Jahr müssen Sie »mit der Nase« Inventur machen und aussortieren, was nicht mehr duftet.
- Gewürze reagieren nicht nur beim Kochen, sondern auch beim Einfrieren fertiger Gerichte unterschiedlich. Unverändert in der Würze bleiben Ingwer, Kümmel, Nelken und Vanille. Speisen mit Anis, Essig, Muskat, Paprika, Pfeffer und Senf müssen nach dem Wiedererhitzen nachgewürzt werden.

Wenn Sie diese Grundregeln beachten, wird, was Sie raffiniert würzen, auch ein köstliches Ergebnis bringen. Die wichtigsten Gewürze sehen Sie auf der Farbtafel der 3. Umschlagseite.

Es grünt so grün

Vom Umgang mit Kräutern

Kräuter, zum Unterschied von den Gewürzen, sind Pflanzen und Pflanzenteile, die in Mitteleuropa wachsen und die wir nach Möglichkeit frisch verwenden. Daß Kräuter für unsere Ernährung sehr wichtig sind, ist bekannt. Schon seit alters her schätzt man viele von ihnen wegen ihrer Heilkraft. Sie enthalten reichlich Vitamine, ätherische Öle und andere Wertstoffe, die wir zu einer gesunden Kost brauchen. Viele regen den Appetit an oder fördern die Verdauung – wie übrigens auch zahlreiche Gewürze –, und bei Diät, bei der Kinder- oder Seniorenernährung können sie schmackhaft das Salz ersetzen.

Die meisten Kräuter vertragen sich ausgezeichnet miteinander, manche sollten wir allein verwenden, weil ihre Würze zu ausgeprägt ist. Einige können mitgekocht werden, doch die meisten entfalten ihre Wirkung in rohem Zustand und werden durchs Kochen wertlos.

Grundsätzliches zum Würzen mit Kräutern

- Kaufen Sie nur frische Kräuter, keine welken oder verfärbten. In guten Geschäften und auf Märkten geht das Angebot meist über Petersilie und Schnittlauch hinaus, auch in vielen Reformhäusern. Wenn Sie einen Balkon oder Garten haben, »züchten« Sie, was Ihnen besonders gut schmeckt, es ist nicht kompliziert. Oder sammeln Sie mal bei einem Ausflug wildwachsende Kräuter selbst.
- Die richtige Menge läßt sich bei Kräutern ziemlich schwer angeben. Sie hängt von der Würzkraft, der Frische und vom persönlichen Geschmack ab. Als Faustregel mag gelten: pro Person je einen halben bis einen ganzen gestrichenen Teelöffel frisch gehackt oder eine Prise bis einen halben Teelöffel getrocknet. Mit Kräutern, die keinen sehr intensiven Eigengeschmack haben, kann man verschwenderischer umgehen.
- Frische Kräuter werden vor dem Zerkleinern kurz in kaltem Wasser geschwenkt. Man läßt sie gut abtropfen (auf einem Küchentuch ausschlagen) und hackt, wiegt oder schneidet sie erst unmittelbar vor der Zugabe an das fertige Essen. Das Hacken geht schneller, wenn Sie die Zweige ganz kurz unters heiße

Für größere Mengen lohnt sich eine Kräutermühle; man kann Kräuter damit auch gleich über dem Kochtopf mahlen.

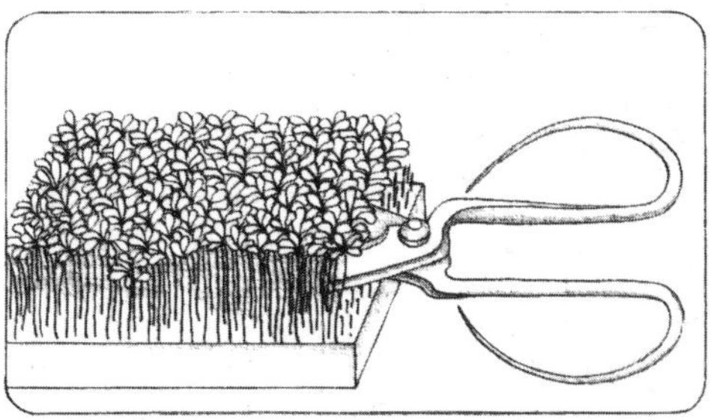

Eine Küchenschere sollte für Kresse, Schnittlauch und kleine Mengen anderer Kräuter zur Hand sein.

Wasser halten. Mit der Kräutermühle können Sie die Kräuter gleich an die fertige Speise mahlen. Die Französinnen können das auch mit der Küchenschere, zum Beispiel bei Schnittlauch und Petersilie. Wobei die Schere sowieso in der Kräuterküche, etwa für Kresse,

Knoblauch verteilt sich besonders fein, wenn man die Zehe hackt und mit etwas Salz zu Mus zerdrückt.

sehr nützlich ist. Am feinsten arbeitet aber das Wiegemesser. Man kann Kräuter, und vor allem Knoblauch, auch mit etwas Salz mit der Messerklinge ganz fein zu Mus quetschen. Als Unterlage verwenden Sie immer ein Kunststoffbrett oder eine Porzellanplatte, kein Holzbrett; es würde den wertvollen Saft aufsaugen.

- Frische Kräuter können fast alle, gut abgetropft, locker und unzerkleinert, verschlossen oder in Folie verpackt, 1–2 Tage im Kühlschrank lagern. Für die Aufbewahrung getrockneter Kräuter gilt dasselbe wie für Gewürze (siehe Seite 6), gut verschlossen, lichtgeschützt und nicht zu lange.
- Kaufen Sie auch von getrockneten Kräutern die etwas teurere, aber bessere Qualität. Sie entfalten ihr Aroma besser, wenn Sie sie vor der Zugabe an das Gericht zwischen den Fingerspitzen oder Handflächen »rebeln«.
- Alle frischen Kräuter eignen sich hervorragend zum Einfrieren. Sie müssen dazu gewaschen, gut abgetrocknet, von groben Stengeln befreit und portionsweise in Plastikbeutel gefüllt werden. In gefrorenem Zustand lassen sie sich mit der Faust in kleinste Teilchen zerschlagen. Tiefgefrorene, auch gefroren gekaufte Kräuter wie frische verwenden und stets an die fertigen Gerichte geben. Sie tauen sofort auf.
- Beim Einfrieren gegarter Speisen bleiben Kapern, Meerrettich und Zitrone unverändert. Bohnenkraut und Majoran verlieren an Geschmack. Hier müssen Sie nachwürzen. Durch Einfrieren intensiver werden Basilikum, Dill, Estragon, Salbei und Thymian. Diese also besser erst nach dem Auftauen und Wiedererwärmen zufügen. Gar nicht einfrieren läßt sich Knoblauch.

Das sind die wichtigsten Regeln für den Umgang mit Kräutern. Wie die bekanntesten aussehen, erfahren Sie auf dem Farbbild der 2. Umschlagseite.

Steckbriefe

Wer der raffinierten Würze einmal auf den Geschmack gekommen ist, sei er Köchin oder Feinschmecker, wird bald persönliche Vorlieben entwickeln. Deshalb sollen die folgenden Steckbriefe beileibe kein Werturteil sein. Ich habe gerade diese 30 köstlichen Kräuter und Gewürze ausgesucht – und hätte noch 20 weitere hinzufügen mögen – weil sie entweder insgesamt am häufigsten gebraucht werden oder weil mir bestimmte Hinweise und Tips gerade bei ihnen besonders wichtig erschienen.

Sie finden bei jeder Beschreibung den bekanntesten und weitere im deutschen Sprachraum gebräuchliche Namen, danach die englische, französische und italienische sowie die botanische Bezeichnung.

Dann folgen die Heimat und die Gegend, aus der wir das Gewürz heute vornehmlich bekommen, Hinweise zum Geschmack und Geruch, damit Sie alle leichter erkennen, und Tips, wie Sie wann einkaufen und im eigenen Garten oder auf dem Fensterbrett »züchten« können.

Wenn Sie sich hierüber genauer informieren wollen, sei Ihnen der GU Küchen-Ratgeber »Küchenkräuter selbst gezogen« von Helga Fritzsche empfohlen.

Allgemeine Ratschläge für Verwendung und Aufbewahrung schließen sich an. Was zu bestimmten Speisen paßt, finden Sie in der Tabelle auf den Seiten 50–65. Am Schluß mache ich Sie auf Besonderheiten einzelner Kräuter und Gewürze aufmerksam.

Auch bei den Rezepten auf den Seiten 24 bis 49 finden Sie noch spezielle Tips.

Basilikum

Königskraut, Pfefferkraut, Hirnkraut.
Basil (sweet basil), basilic, basilico.
Ocimum basilicum.

- Stammt vermutlich aus Indien und Vorderasien, auch Afrika.
- Schmeckt pfeffrig-kühl, leicht scharf und säuerlich. Riecht aromatisch. Erinnert entfernt an Majoran.
- Frisch von Juli–September. Getrocknet gerebelt oder pulverisiert. Gut im Kräuterbeet, auch im Blumentopf oder -kasten. Pflanze einjährig, etwa 30 cm hoch, liebt Sonne. Ernte vor und während der Blüte. Junge Pflanzen schmecken am besten.
- Frisch, nur Blättchen, feingehackt. An heiße Speisen geben, nur einmal aufkochen. Sparsam dosieren, da intensive Würzkraft.

Im Blumentopf oder Kräuterbeet dürfen Dill, Bohnenkraut und Basilikum, drei der wichtigsten Küchenkräuter, nicht fehlen.

Verliert getrocknet leicht an Aroma: nicht zu lange aufbewahren! Zwischen den Handflächen zerrieben an die Speise geben. Kann mitgekocht werden.
Vorrat auch tiefgefroren oder eingelegt (Blättchen zerzupfen, lagenweise mit Salz be-

streut in Glas schichten, mit Öl bedecken, kühl aufbewahren). Auch als Basilikumessig.

- Verwendung siehe Seite 50.
- Beliebt in der italienischen Küche. Verdauungsfördernd.

Bohnenkraut

Kölle, Aalkraut, Pfefferkraut.
Savory, sarriette, santoreggia.
Satureja hortensis.

- Kommt aus dem Mittelmeergebiet.
- Schmeckt pfeffrig-würzig. Riecht sehr aromatisch.
- Frisch von Juni–Oktober. Getrocknet gerebelt oder pulverisiert. Pflanze einjährig, etwa 30 cm hoch, liebt Sonne. Gut im Kräuterbeet (als Einfassung) oder Blumentopf. Ernte vor der Blüte. Anspruchslos. Bergbohnenkraut (mehrjährig) hat etwas zarteres Aroma.
- Frisch nur zarte Blattspitzen verwenden, feinhacken. Ganze Zweige als Bündel mitkochen und vor dem Servieren entfernen – nur Mitziehenlassen ergibt feineren Geschmack. Beim Braten/Grillen erst zum Schluß zufügen, sonst leicht bitter. Sparsam dosieren. Läßt sich gut einfrieren oder trocknen, ohne an Würzkraft zu verlieren.
- Verwendung siehe Seite 50.
- Macht Hülsenfrüchte leichter verdaulich, wirkt magenstärkend und krampfstillend.

Borretsch

Gurkenkraut, Gurkenkönig, Borgel.
Borage, bourrache, borragine.
Borago officinalis.

- Kam aus dem Mittleren Osten nach Südeuropa, wo er wild wächst.
- Schmeckt würzig, nach Gurke. Riecht nach Gurke und leicht zwiebelig.
- Frisch von Mai–September. Gedeiht überall und bringt hübsche blaue Blüten. Pflanze einjährig, etwa 60 cm hoch, liebt Sonne. Im Kräuterbeet/-kasten zu empfehlen, da er gekauft sehr rasch welkt. Getrocknet als Blättchen oder pulverisiert viel weniger aromatisch.
- Sehr frisch nur junge Blättchen und Blüten, ganz fein gehackt (wegen der Blatthärchen). Nicht mitkochen. Blüten auch apart als Dekoration.
Läßt sich gut einfrieren. Trocknen nicht zu empfehlen.
- Verwendung siehe Seite 50.
- Fördert die Verdauung, soll Herz und Nerven stärken.

Cayennepfeffer

Chilipfeffer, Teufelspfeffer, spanischer oder roter Pfeffer.
Cayenne pepper, poivre de Cayenne, pepe di Cayenne (diavoletto).
Capsicum frutescens.

- Stammt aus Südamerika, vermutlich aus Cayenne/Französisch Guayana.
- Sehr scharf!
- Frisch als Chillies oder Chilipfeffer und unter vielen anderen Namen bekannt. Kleinfruchtige und schärfste Paprikasorte.
- Ganze Früchte getrocknet oder pulverisiert. Flüssig als Tabasco leichter zu dosieren (tropfenweise). Bestandteil der Chilisauce und des Chilipulvers (gröber gemahlen). Cayennepfeffer nur in kleinen Mengen kau-

fen bzw. gut verschlossen halten, verliert leicht an Würzkraft. Sehr vorsichtig dosieren, höchstens Messerspitze!

- Verwendung siehe Seite 50.
- Wird in der spanischen und vor allem in der mexikanischen Küche gern verwendet.

Currypulver

Curry powder, poudre de curry, polvere di curry.

- Gewürzmischung aus der indischen, indonesischen und thailändischen Küche. Dort wird sie jeweils zum Gericht passend zusammengestellt. Die Engländer schätzten Curries (Currygerichte) und brachten die Würzmischung mit nach Europa.
- Schmeckt mild bis scharf, je nach Herkunft, etwas würzig-süßlich. Riecht »exotisch« pfeffrig; Farbe dunkelgelb bis orange.
- Wird aus 10 und mehr Gewürzen gemischt, hauptsächlich aus Pfeffer, Kurkuma, Kardamom, Koriander, Nelken, Zimt, Ingwer, Kreuzkümmel, Muskat und Piment. Bengal-Curry ist der mildeste, Madras-Curry der schärfste.
- Kleine Mengen kaufen, verliert leicht sein Aroma, ist lichtempfindlich. Es gibt auch bei uns original indischen Curry. Für den Vorrat am besten je eine milde und scharfe Sorte. Auch Curryextrakt (Paste).
- Curry soll bei der Zubereitung der Speisen angewendet werden. Fett darf nicht zu heiß sein. Wird schärfer, je fetter die Speise ist. Bei Tisch aufs Essen gestreut entfaltet er nicht seine volle Würzkraft. Verträgt sich gut mit Fruchtsäure.
- Verwendung siehe Seite 50.

Dill

Till, Gurkenkraut, Hexenkraut.
Dill, fenouil/aneth, aneto.
Anethum graveolens.

- Stammt vermutlich aus Indien, zumindest aus dem östlichen Mittelmeerraum. Wird in Europa und Amerika gleichermaßen gern gegessen.
- Schmeckt erfrischend, entfernt nach Kümmel. Riecht intensiv.
- Frisch von Mai/Juni–September. Gefriergetrocknet oder tiefgefroren (am aromatischsten). Getrocknet kaum würzig. Ein Muß im Kräuterbeet. Pflanze 50–120 cm hoch, einjährig, sät sich selbst aus, liebt Sonne – und die Schnecken lieben Dill!
- Frisch, Blättchen gezupft, zarte Stengel. Blüten und Samen zum Einlegen von Gurken u. ä. Nicht mitkochen. Vor der Blüte am würzkräftigsten.
Läßt sich gut einfrieren. Auch in Essig oder Öl als Vorrat.
- Verwendung siehe Seite 52.
- Dill enthält mehr Vitamin C als Petersilie. Er ist beliebt in der schwedischen und finnischen Küche.

Estragon

Dragon, Schlangenkraut, Bertram.
Tarragon, herbe dragonne/estragon, dragoncello.
Artemisia dracunculus.

- Kam aus den sibirischen und asiatischen Steppengebieten zu uns. Heute vor allem in Frankreich gezüchtet.

Estragon, Kerbel und Majoran sind sehr würzintensive Kräuter und müssen also sparsam dosiert werden.

- Schmeckt würzig-frisch, leicht etwas bitterlich. Riecht süßlich.
- Es gibt zwei Arten: die deutsche ist aromatischer, die russische weniger empfindlich. Frisch von Juni–September. Getrocknet, als Pulver oder in Essig. Pflanze mehrjährig, bis 150 cm hoch, liebt Schatten und Windschutz. Anspruchslos im Garten. Frische Blätter und junge Triebe am besten.
- Frische Blätter feingehackt, vorsichtig dosieren, der Geschmack wird leicht zu stark. Getrocknet weniger aromatisch. Paßt an feine Speisen. Es gibt Estragonessig und -senf, auch -essenz.
- Verwendung siehe Seite 52.
- Estragon wirkt harntreibend.

Fenchel

Finchel, Fennisamen, Brotsamen, Brotwürzkörner.
Fennel, fenouil, finocchio.
Foeniculum vulgare.

- Stammt aus dem Mittelmeerraum und Kleinasien; wächst dort wild. Schon bei den alten Ägyptern und von den Ärzten des Mittelalters als heilkräftig geschätzt.
- Schmeckt frisch, das Grün nach Dill, die Samen nach Anis. Riecht nach frischem Heu.
- Frisch von August–Mai. Getrocknet nur Samen. Dekorative buschige Pflanze, bis 200 cm hoch, also nicht für Topf oder Kasten geeignet. Blättchen vor der Blüte schneiden, Samen nicht ganz ausgereift ernten.
- Frische Blättchen nur mit den Knollen zu kaufen (Knollen als Gemüse oder Salat), feingehackt. Samen im Mörser zerdrücken. Sparsam verwenden. Ganze Samen zum Backen und Einmachen. Blättchen wie Dill verwenden, können aber mitgekocht werden; vertragen sich gut mit Zitrone.
- Verwendung siehe Seite 52.
- Fenchel wirkt beruhigend: Fencheltee für Kleinkinder.

Ingwer

Immerwurzel, Schnapswurzel.
Ginger, gingembre, zenzero.
Zingiber officinale.

- Eine Lilienstaude aus Südostasien, deren Wurzelknollen (Rhizome) man essen kann. Schon von chinesischen Gelehrten und römischen Ärzten sehr geschätzt. Kommt heute aus tropischen Gebieten Westindiens, Westafrikas und Lateinamerikas.
- Schmeckt süß und brennend scharf. Riecht sehr aromatisch. Frisch fruchtiger, getrocknet schärfer.
- Wurzelstücke frisch oder getrocknet, in Zucker eingelegt, als Pulver, kandiert. Der junge Stem-Ingwer ist am besten (Bengal-Ingwer). Schwarze Knollen ungeschält, weiße geschält im Handel. Schaben oder schälen, in

sehr dünne Scheiben schneiden oder reiben. Frischer Ingwer hält sich etwa eine Woche im Gemüsefach des Kühlschranks.

- Verwendung siehe Seite 52.
- Ingwer wird in der chinesischen und indonesischen Küche viel verwendet. Auch Engländer und Skandinavier mögen ihn gern (Ingwermarmelade, -bier, -wein). Er ist magenstärkend. Ein Stückchen Ingwer im Fischkochwasser bindet den Geruch.

Kapern

Caper, câpre, cappero.
Capparis spinosa.

- Die Blütenknospen eines aus Asien stammenden Strauches, der heute im Mittelmeergebiet, besonders um Nizza und Marseille, gezüchtet wird.
- Geschmack würzig, herb, etwas scharf bis bitter. Schmecken nur eingelegt, nicht roh.
- Je kleiner desto besser, »Nonpareilles« heißen die kleinsten und feinsten. Meist in gesalzenem Essig eingelegt angeboten. Im Ganzen, gehackt oder zerdrückt verwenden. Erst zum Schluß an die Speise geben.
Im Essigsud, in Salzwasser, Essig oder Öl fast unbegrenzt haltbar, wenn mit Flüssigkeit bedeckt.
- Verwendung siehe Seite 52.
- In Polen kocht man zum Beispiel gern mit Kapern.

Kerbel

Suppenkraut, Körbelkraut, Küchenwürze.
Chervil, cerfeuil, cerfoglio.
Anthriscus cerefolium.

- Wächst in Europa. Schon die alten Römer mochten Kerbel in ihrer Suppe.
- Schmeckt und riecht sehr aromatisch, süßlich, zwischen Fenchel und Petersilie. Kann Petersilie ersetzen.
- Frisch von etwa Juni–September. Getrocknet oder als Pulver nicht zu empfehlen, da viel weniger Würzkraft. Pflanze einjährig, etwa 50 cm hoch. Liebt Halbschatten, Feuchtigkeit, sonst anspruchslos im Blumentopf oder Kräuterbeet. Blätter oder Zweige bis kurz vor der Blüte ernten.
- Frisch, Blättchen oder zarte Zweige feingehackt. Nicht mitkochen, da reich an Vitamin C. Sparsam verwenden. Zum Garnieren wie Petersilie.
Kann eingefroren werden. Gut Zweige in Essig als Kerbelessig.
- Verwendung siehe Seite 54.
- Wirkt blutreinigend, in Kräutersaft als Kur zu empfehlen. Kerbel verträgt sich nicht mit Kresse.

Knoblauch

Knofel, Knoblich, Stinkerzwiebel.
Garlic, ail, aglio.
Allium sativum.

- Stammt aus der Mongolei, wurde aber schon im Alten Ägypten am Mittelmeer angebaut.
- Schmeckt je nach Sorte süßlich-mild bis brennend-scharf. Riecht durchdringend. Kochen oder Braten mildert Schärfe und Geruch.
- Frisch im Sommer. Aus mehreren Zehen zusammengesetzte Knolle. Gedeiht im Garten an sonnigem Standort; einzelne Zehen stecken. Ist reif, wenn sich das Grün der

Blattspitzen verfärbt. Zum Trocknen luftig aufhängen. Getrocknet als Knollen, Pulver, auch als Knoblauchsalz (würzt nicht so stark) oder flüssige Würze.
- Zehen schälen, auspressen (Knoblauchpresse) oder feinhacken und mit Salz zu Mus zerreiben. Welker Knoblauch schmeckt schlecht, auch verfärbte Stellen müssen entfernt werden. Ganze Zehen mitkochen und vor dem Servieren herausnehmen. Fleisch mit halbierter Zehe einreiben, oder auch die Salatschüssel.
- Verwendung siehe Seite 54.
- Hat nur eingeschworene Liebhaber und Gegner. Ist sehr gesund (vitaminreich) und nach der Zwiebel die wichtigste Würze. Wird in Ländern mit hervorragenden Küchen (Frankreich, China) viel gebraucht, auch in den arabischen Ländern und rund ums Mittelmeer.

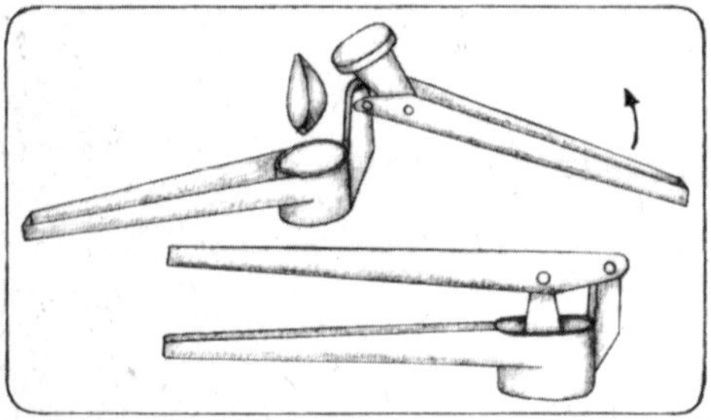

Wenn Sie Knoblauchliebhaber sind, ist die Knoblauchpresse ein praktischer Helfer.

Koriander

Schwindelkraut, Krapfenkörner, Stinkdill.
Coriander (chinese parsley), coriandre, coriandolo.
Coriandrum sativum.

- Eines der ältesten bekannten Gewürze. Kommt aus Nordafrika und Kleinasien; auch in China und Indien heimisch (Bestandteil der meisten Currymischungen).
- Körner schmecken süß-würzig, etwas nach Orange. Pflanze riecht stark, fast unangenehm.
- Wird bei uns frisch (Blätter) nicht verwendet, wohl aber in Südeuropa, Mittel- und Südamerika. Pflanze einjährig, robust, etwa 50 cm hoch. Samen im August/September reif. Einfacher ist es, getrocknete Samen oder Pulver zu kaufen.
- Samen ganz verwenden oder im Mörser zerstoßen. Pulver bald verbrauchen, verliert sonst an Würzkraft.
- Verwendung siehe Seite 54.
- Macht Kohl bekömmlicher. Wird in der arabischen, indischen, malaiischen, indonesischen und chinesischen Küche gebraucht.

Kümmel

Kümmich, Mattenkümmel, Wiesenkümmel.
Caraway, carvi (cumin de prés), carvi.
Carum carvi.

- Wächst wild in Europa, Nordafrika und Asien. Ist nicht zu verwechseln mit Kreuzkümmel (Kumin), der völlig anders schmeckt.
- Schmeckt frisch-scharf, riecht intensiv.
- Selten junge Blättchen, Geschmack ähnlich Petersilie und Dill. Meist getrocknete Samen, eigentlich Spaltfrüchte.
- Getrocknet ganz oder als Pulver. Sparsam verwenden. Kinder mögen meist keinen Kümmel. Möglichst wenig mit anderen Gewürzen kombinieren, da der Geschmack sehr hervorsticht. Auch als flüssige Würze.

Getrocknete Samen unbegrenzt haltbar.
- Verwendung siehe Seite 54.
- Wir finden Kümmel gern in der ungarischen und russischen Küche. Er ist appetitanregend (Kümmelschnaps Aquavit) und magenstärkend.

Liebstöckel

Maggikraut, Badekraut, Sauerkrautwurzel.
Lovage (love parsley), livèche, levistico.
Ligusticum officinale.

- Heimat ist südliches Asien und Südeuropa. Schon die Griechen und Römer mochten es gern.
- Schmeckt pikant nach Fleischbrühe, etwas süßlich, riecht, wie der Name schon sagt, nach Maggi, etwas nach Sellerie.
- Frisch von Juni–Oktober. Pflanze mehrjährig, bis 200 cm hoch. Am besten als Staude in Topf oder Beet pflanzen, gern in Bauerngärten.
- Frisch junge Blättchen, feingehackt. Getrocknet gerebelt oder als Pulver. Sparsam verwenden. Frisch erst zum Schluß an die Speise geben, da reich an Vitamin C. Verliert getrocknet rasch sein Aroma.
- Verwendung siehe Seite 56.
- Verträgt sich gut mit Käse. Kann bei Diät das Salz am Salat ersetzen.

Lorbeer

Lorbeerblätter, Suppenblätter.
Bay (sweet laurel), laurier, lauro.
Laurus nobilis.

- Ein im Mittelmeerraum, aber auch in Nordwesteuropa anzutreffender Baum, der bis über 15 m hoch wird. Galt schon im Altertum als Symbol des Ruhms. Aber bei Apicius, dem römischen Kochbuchautor, wird mit Lorbeerblatt auch bereits gewürzt. Als dekorativer Strauch bei uns häufig, auch in großen Töpfen, anzutreffen.
- Schmeckt ausgeprägt würzig, etwas bitter, frisch besonders herb. Sehr aromatischer Geruch.
- Frisch die ledrigen Blätter bei uns selten. Meist getrocknet; nur grüne ganze Blätter kaufen. Bräunlich-gelbe, zerbrochene Blätter sind nicht mehr aromatisch. Pflanze im Topf oder Kübel braucht gute Erde und Sonne; im Winter ins Haus stellen.
- Getrocknet ganze Blätter, nur 1–2, mitkochen, später entfernen. Blätter zerbröselt würzen kräftiger. Pulver ist besser zu dosieren, verliert aber rasch sein Aroma. Gut verschlossen und ganz trocken aufbewahren.
- Paßt gut an fette oder säuerliche Speisen. Verwendung siehe Seite 56.
- Lorbeer regt den Appetit an. Er wird in allen europäischen Küchen gern verwendet.

Majoran

Wurstkraut, Bratenkraut, Mairan, Masran.
Marjoram, majolaine, maggiorana.
Origanum majorana.

- Stammt aus dem Vorderen Orient und Mittelmeerraum. Die alten Ägypter und Römer würzten schon damit. Im Mittelalter galt er als Medizin.
- Schmeckt frischwürzig bis leicht bitter,

Schafskäse und Pfefferminze, eine Würzkombination aus dem Morgenland, macht diesen Levantiner Gurkensalat, Rezept Seite 41, ungewöhnlich. ▷

ähnlich Thymian. Riecht stark, getrocknet fast herb, pfeffrig.

● Frisch von Juni–Oktober. Getrocknet gerebelt oder pulverisiert. Pflanze bei uns einjährig, frostempfindlich, bis 50 cm hoch. Gut im Garten oder Balkonkasten, liebt Sonne. Mehrere Ernten; vor der Blüte schneiden.

● Frisch feingehackt. Gut auch getrocknet, da starkes Aroma. Sparsam verwenden. Frisch erst zum Schluß an die Speisen geben, gut mit Zitronensaft. Getrocknet mitkochen. Kann auf Grillglut gestreut werden.
Läßt sich gut trocknen (luftig) oder einfrieren.

● Verwendung siehe Seite 56.

● Ähnlich ist wilder Majoran = Oregano, siehe Seite 19. Auch Suppenmajoran, der weniger empfindlich, aber nicht so würzig ist.

Meerrettich

Kren, Mährrettich, Pfefferwurzel.
Horseradish, raifort, rafano.
Armoracia rusticana.

● Wächst in Osteuropa und allen nördlichen Ländern. In Gärten verwildert er gern. Eine Volksmedizin.

● Frisch gerieben schmeckt er herzhaft scharf, etwas nach Senf. Beißt beim Essen in der Nase und kribbelt im Kopf. Beim Kochen verschwinden Schärfe, aber auch Aroma.

● Frisch von September–Februar. Getrocknet als Pulver oder gerieben im Glas. Wurzeln mit glatter Schale süßlich, milder, mit rauher Schale sehr scharf.

● Wurzeln frisch gerieben am würzigsten. Von Kräuterfrauen (Krenweiberln) angeboten, der beste aus Franken, auch gerieben im Glas. Pulver mit etwas Weißwein und Wasser anrühren. Geriebener Meerrettich, in Gläsern im Handel, meist mit Zusätzen und häufig säuerlich.
Gerieben rasch verwenden, auch mit Zitronensaft oder Milch beträufeln, damit er weiß bleibt. Ganze Wurzeln am besten in Sand eingegraben aufbewahren.

● Verwendung siehe Seite 56.

● Meerrettich schätzt man in der skandinavischen, englischen, aber auch französischen und nordamerikanischen Küche und natürlich bei uns. Vitamin-C-reich, kreislaufanregend.

Muskat

Muskatnuß, Bandanuß, und Muskatblüte, Macis.
Nutmeg, mace, muscade, macis (fleur de muscade), noce moscata, macis.
Myristica fragans.

● Kernfrucht eines tropischen Baumes, bis 20 m hoch, von den Gewürzinseln (Molukken). Heute in allen tropischen Gebieten, Indonesien, Philippinen, Karibik, geerntet. Sehr altes, wertvolles Gewürz, das durch die Araber nach Europa kam.

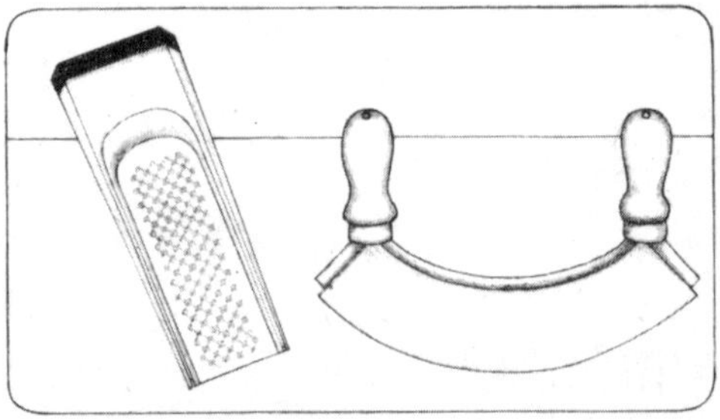

Das gute alte Wiegemesser – es zerkleinert Kräuter am feinsten – und eine Muskatreibe müssen Sie unbedingt haben.

◁ Zwei typisch italienisch gewürzte Gemüse: Auberginen nach der Art von Neapel, Rezept Seite 41, und Zucchinivorspeise, Rezept Seite 40.

- Geschmack feurig-süßlich. Geruch intensiv würzig, entfernt nach Nüssen. Größere Mengen sind giftig. Vor Kindern sicherstellen.
- Muskatnuß ist der getrocknete, oft weißlich gekalkte Fruchtkern. Macis, fälschlich Muskat-»Blüte«, ist die Samenhülle. Runde kugelige Nüsse sind die besten. Muskatblüte getrocknet, gepreßt im Handel. Aroma ähnlich, bei Muskatblüte feiner. Als Pulver beide, nur kleine Mengen kaufen, Aroma verfliegt leicht.
- Muskatnuß reiben, in Prisen verwenden. Muskatblüte im Stück mitkochen, dann entfernen.
Gut verschlossen, trocken und lichtgeschützt aufbewahren.
- Paßt zu salzigen und süßen Gerichten. Verwendung siehe Seite 56.
- Beliebt in der holländischen Küche.

Nelke

Gewürznelke, Näglein.
Clove, clou de girofle, chiòdo di garofano.
Eugenia caryophyllata.

- Die getrockneten Blütenknospen eines bis 10 m hohen Baumes von den Gewürzinseln. Seit alters her sehr wertvoll und begehrt. Von den Portugiesen nach Entdeckung des Seewegs aus Indien mitgebracht. Heute aus Sansibar, Madagaskar und Holland/Molukken (beste Sorte).
- Geschmack süßlich-würzig bis scharf. Geruch wie Nelkenblumen.
- Getrocknet ganz oder gemahlen. Pulver verliert leicht Aroma. Runzlige Nelken sind mindere Qualität. Nur 1–2 Stück ans Essen geben, am besten in halbierte Zwiebel gesteckt, zumindest im Ganzen; können dann leicht enfernt werden. Statt Pulver besser im Mörser zerstoßen. Vorsicht, man überwürzt leicht die Speisen.
Gut verschlossen aufbewahren. Pulver nur kleine Mengen kaufen.
- Für salzige und süße Gerichte. Verwendung siehe Seite 56.
- Nicht mit Nelkenpfeffer = Piment zu verwechseln.

Oregano

Dost, wilder Majoran.
Origano, origan, origano rigamo.
Origanum vulgare.

- Klassisches Gewürzkraut der Mittelmeerländer. Beste Sorte aus Italien. Ähnliche Pflanze wächst in Mexiko.
- Schmeckt pfeffrig-würzig, majoranähnlich, aber feiner. Geschmack durch Erhitzen verstärkt. Geruch würzig duftig.
- Frisch bei uns kaum zu kaufen. Getrocknet gerebelt. Pflanze mehrjährig, nicht so empfindlich wie Majoran, bis etwa 50 cm hoch. Gut im Garten, als Pflanze gekauft, an sonnigem Platz. Hübsche rosa Blüten.
- Getrocknet gerebelt mitkochen oder am Ende der Garzeit zufügen. Frisch junge Triebe während der Blüte schneiden, feinhacken.
- Verwendung siehe Seite 56.
- »Nationalgewürz« der italienischen Küche.

Paprika

Gewürzpaprika, spanischer oder türkischer Pfeffer.

Bell pepper, piment doux, peperone.
Capsicum annuum.

- In Mittel- und Südamerika beheimatet, wurde der »spanische Pfeffer« durch Columbus nach Europa gebracht. Heute besonders in Ungarn, aber auch in anderen Balkanländern, Italien, Frankreich, Spanien zu finden.
- Schmeckt und riecht süßlich, mild bis scharf.
- Die gebräuchlichsten Sorten: Delikateßpaprika – mild, eher zum Färben als zum Würzen; Edelsüßpaprika – dunkelrot, mildscharf und würzig, die bei uns meistverwendete Sorte; Rosenpaprika – hellrot, sehr scharf.
- Spindelförmige Schoten des Paprikastrauches, meist als Pulver. Pflanze etwa 60 cm hoch, gedeiht im Garten oder Blumentopf. Ernte im August; frostempfindlich.
- Edelsüßpaprika macht Saucen sämig, Rosenpaprika kann statt Pfeffer schärfen. Vorsichtig dosieren! Paprikapulver nie direkt in heißes Fett geben, es kandiert und wird bitter. Chillies sind eine kleinfruchtige Sorte (Cayennepfeffer, siehe Seite 10). Peperoni, häufig in südlichen Ländern angeboten, sind unreife Schoten von mild bis scharf. Alle Sorten sind lichtempfindlich. Es gibt auch Paprikamark in der Tube und flüssige Würze.
- Verwendung siehe Seite 58.
- Paprika enthält viel Vitamin C und Carotin. Gemüsepaprika gehört zur selben Pflanzenfamilie.

Petersilie

Peterle, Peterling, Suppenwurzel, Kräutel.
Parsley, persil, prezzemolo.
Petroselinum crispum.

- Gedeiht überall auf der Welt und ist wohl eines der ältesten bekannten Kräuter.
- Schmeckt frisch, süßlich-würzig. Riecht aromatisch, etwas nach Möhren.
- Frisch das ganze Jahr. Tiefgefroren oder gefriergetrocknet. Einfach getrocknet nicht zu empfehlen, da fast kein Aroma. Pflanze mehrjährig, winterhart, bis 120 cm hoch. Anspruchslos, auch im Blumentopf oder -kasten. Im Garten nicht verwechseln mit der giftigen Hundspetersilie, einem Unkraut.
- Frisch glattblättrige Sorte feingehackt, würziger als krausblättrige, die aber hübscher aussieht. Nicht mitkochen. Petersilienwurzel, von ähnlichem Geschmack, stammt von einer anderen Pflanze.
Gezupfte Blättchen, gewaschen, trocken, halten sich verschlossen einige Tage im Kühlschrank. Kann gut eingefroren werden.
- Verwendung siehe Seite 58.
- Petersilie ist sehr vitaminreich Chinesische oder japanische Petersilie (Cilantro) ist Koriandergrün.

Pfeffer

Pepper, poivre, pepe.
Piper nigrum.

- Wohl eines der schon im Altertum begehrtesten und meistverwendeten Gewürze. Stammt aus Indien und Indonesien. In Malabar früher sogar als Zahlungsmittel verwendet. Alexander der Große brachte es von Persien mit. Seit etwa 800 in Europa bekannt.
- Geschmack scharf, brennend; schwarzer Pfeffer würziger als weißer, grüne Pfefferbeeren mit fruchtiger Schärfe. Geruch aromatisch-beißend.

● Grüner Pfeffer: frische unreife Beeren, eingelegt. Schwarzer Pfeffer: unreife grüne Beeren getrocknet. Weißer Pfeffer: reife rote, Beeren, geschält, getrocknet. Beste Sorten: schwarz aus Malabar, weiß aus Indonesien, grün aus Madagaskar.

● Getrocknet als Körner kaufen und kurz vor Verwendung mahlen; für jede Sorte eigene Pfeffermühle. Schwarzen Pfeffer grob im Mörser oder mit breitem Messerrücken zerdrücken. Zum Schluß an die Speisen, da hitzeempfindlich. Ganze Körner mitkochen. Grüne Pfefferbeeren abtropfen, im Ganzen verwenden oder zerdrücken; werden nach Abspülen milder.

Getrocknete Körner fast unbegrenzt haltbar; trocken und luftdicht verschließen. Gemahlenen Pfeffer nur in kleinen Mengen kaufen, Wichtig ist bei allen Sorten gute Qualität.

● Verwendung siehe Seite 58.

● Pfefferschoten gehören zur Paprikafamilie, siehe Seite 19.

Rosmarin

Rosemarie, Riechkräutlein, Weihrauchkraut.
Rosemary, rosmarin, ramerino.
Rosmarinus officinalis.

● Rosmarin wächst wild im Mittelmeerraum. Auch in England sowie Mittel- und Nordamerika trifft man ihn.

● Schmeckt frisch würzig, leicht bitter, etwas nach Kampfer, getrocknet eher nach Harz. Riecht nach Kiefern und ein wenig wie Weihrauch.

● Frisch von Juni–Oktober. Immergrüner Strauch. Gedeiht auch bei uns, sogar im Blumentopf; nicht winterhart. Liebt Sonne und trockenen Boden. Kann bis 150 cm hoch werden. Ernte während der Blüte.

● Die spitzen »Nadeln« sind eingerollte Blättchen. Frisch als Zweig mitkochen, auch zerriebene Blättchen. Getrocknet zwischen den Fingern zerreiben. Sparsam dosieren, sehr aromatisch. Als Pulver nicht zu empfehlen. Gut in Grillglut.

Läßt sich gut trocknen. Hält verschlossen etwa ein Jahr.

● Verträgt sich gut mit Knoblauch. Verwendung siehe Seite 60.

● Beliebt in der französischen Küche.

Schnittlauch

Schnittling, Graslauch.
Chive, ciboulette, erba cripollina.
Allium schoenoprasum.

● Ein altbekanntes und vielverwendetes Kraut aus der Familie der Zwiebel- und Lauchgewächse. Hauptsächlich im nördlichen Europa geschätzt.

● Geschmack zwiebelig, aber zarter. Geruch nach Lauch, besonders dickröhrige Sorte. Zarte Blätter milder im Geschmack.

● Ganzjährig angeboten; auch Pflanzen im Topf. Anspruchslos, aber an sonnigem Platz. Breitet sich im Garten gern aus. Nicht zu tief abschneiden, wächst sonst nicht mehr nach.

● Frische Triebe feinschneiden, nie hacken! Nicht mitkochen, sonst geht das Aroma verloren. Wenn geschnitten (mit Messer oder sehr praktisch mit Küchenschere) sofort verwenden. Auch gefriergetrocknet gut.

Hält sich, frisch geerntet, gut verschlossen 1–2 Tage im Kühlschrank. Läßt sich gut einfrieren.

- Paßt nicht zu zartem Gemüse. Verwendung siehe Seite 60.
- Sehr vitaminreich und eisenhaltig.

Thymian

Gartenthymian, römischer Quendel, Küchenpolei.
Thyme, thym, timo.
Thymus vulgaris.

- Stammt aus dem südlichen Europa. Wird heute in ganz Mitteleuropa und Nordamerika gepflanzt. Verwandt ist der wildwachsende Quendel.
- Unterschiedlicher Geschmack je nach Wachstumsgebiet, kräftig-herb, nach Pfeffer. Riecht sehr aromatisch, besonders in den Bergen der Mittelmeerküste wachsende Sorten.

Oregano, Thymian und Lorbeer, drei typische »Mittelmeerkräuter«, sind auch getrocknet sehr aromatisch.

- Frisch von Juni–September. Getrocknet gerebelt. Pflanze mehrjährig, etwa 30–40 cm hoch. Gut im Garten oder Balkonkasten an sonnigem Standort, auch als Zierpflanze mit hübschen blaulila Blüten. Ernte kurz vor der Blüte.
- Frisch zarte Triebe und Blättchen gehackt oder ganzen Zweig. Erst gegen Ende der Garzeit an die Speisen. Auch getrocknet aromatisch. Würzt in der Grillglut.
Läßt sich gut trocknen und einfrieren.
- Verwendung siehe Seite 62.
- Thymian macht fette Speisen bekömmlicher.

Vanille

Vanilla, vanille, vaniglia.
Vanilla planifolia.

- Die Vanilleschote ist die Frucht einer Orchideenart und stammt aus Mexiko. Schon die Mayas und Azteken liebten sie und würzten ihre Schokolade damit. Kommt heute aus Madagaskar, Ceylon und Java, die beste von den Komoren (Bourbon-Vanille).
- Lieblich-süßer Geschmack und Duft.
- Getrocknet als dunkelbraune, dünne lange Schoten. Gute Sorte ist biegsam und hat dünne Schale. Vanillezucker wird aus Vanilleschoten und Zucker hergestellt, heute kaum noch erhältlich. Vanillinzucker ist künstliche Vanilleessenz mit Zucker. Vanille von Qualität hat ihren Preis. Sie würzt intensiv und ist daher sparsam im Verbrauch. Sehr praktisch zu dosieren ist Vanilleextrakt im Glasfläschchen.
- Schoten aufschneiden, Samen mit Fruchtfleisch herauskratzen und an die Speise geben. Leere Schote behält lange ihren Duft; aromatisiert den Zucker, wenn man sie in die Dose dazulegt. Schoten auch halbiert mitkochen (in Milch für Pudding etwa) und zum Schluß entfernen.
Gut verschlossen aufbewahren.
- Verwendung siehe Seite 64.

Wacholder

Kranwittbeeren, Quackelbeeren, Machandel.
Juniper, genièvre, ginepro.
Juniperus communis.

- Ein stacheliger Strauch aus der Familie der Zypressen, der von Nordeuropa bis zum Mittelmeer anzutreffen ist, auf kargem Alpenboden klein, wetterzerzaust, am Mittelmeer als großer Baum. Zum Würzen verwendet werden die blauen Beeren.
- Geschmack der frischen Beeren süßlich-harzig, getrocknet herber. Geruch nach Heide und Wald.
- Beeren getrocknet, schwarz. Wacholder gedeiht auch im Garten; Ernte der reifen Beeren im Herbst. Dekorativer Strauch.
- Beeren im Ganzen oder zerdrückt mitkochen. Sorten aus südlichen Ländern sind am würzigsten. Alte, verfärbte und runzlige Beeren sind nicht mehr aromatisch.
- Verwendung siehe Seite 64.
- Wacholder fördert die Verdauung. Auch als Schnaps (Genever, Gin, Steinhäger) macht er schwere Speisen bekömmlicher.

Zimt

Kaneel.
Cinnamon, canelle, cannella.
Cinnamomum zeylanicum.

- Zimt ist seit Jahrtausenden als Gewürz bekannt. Im 15. Jahrhundert kam er nach Europa. Kaneelzimt stammt aus Ceylon, Kassia (chinesischer Zimt) aus Südchina. Es ist die Innenrinde des Zimtbaumes, die sich beim Schälen und Trocknen einrollt zu »Stangen«.
- Schmeckt süß-würzig, leicht durchdringend.
- Beste Sorte Kaneelzimt, als Stangen oder Pulver. Kassia wird meist als Pulver angeboten, von dunklerer Farbe, kräftiger würzend, aber weniger aromatisch.
- Stangen im Ganzen mitkochen und zum Schluß entfernen. Beste Qualität ist dünn gerollt und von heller Farbe. Zimtpulver nur in kleinen Mengen kaufen, verliert rasch Aroma. Nur gute Markenqualität garantiert reinen unverfälschten Zimt.
- Zu süßen Gerichten nimmt man meist Kaneelzimt, zu salzigen eher Kassia. Verwendung siehe Seite 64.

Es gibt unzählige Möglichkeiten, wie Sie Ihren Würzvorrat zur Geltung bringen, Ihre Würzideen anwenden können. Die folgenden Rezepte können nur Beispiele sein, die Sie anregen. Viele weitere Möglichkeiten zeigt Ihnen die große Tabelle auf den Seiten 50 bis 65. Und Ihre eigene Phantasie wird sich hinzugesellen.
Bei der Auswahl kam es mir vor allem darauf an, Ihnen möglichst vielfältige Proben der Würzkunst zu bieten. So finden Sie Gerichte, die aus der Heimat der jeweils verwendeten Gewürze stammen, und solche, die spezifische Würzkombinationen einer Landesküche aufzeigen. Manches habe ich beim Experimentieren selbst entdeckt.

Wichtig: Soweit nichts anderes vermerkt ist, sind die Rezepte für 4 Personen berechnet.

Reiche Rinderkraftbrühe

Die beste Bouillon ist immer noch die selbstgemachte. Wenn Sie einen Schnellkochtopf besitzen, ist die Garzeit kein Problem. Dann sollten Sie nach Möglichkeit die Menge verdoppeln und auf Vorrat einfrieren.

1 1/4 l Wasser · 500 g Hochrippe vom Rind · 2 Markknochen · 1 Würfel klare Fleischbrühe (für 1/2 l) · 1 Bund frisches oder 1 Päckchen tiefgefrorenes Suppengrün · 2–3 Möhren · 1/2 Bund Petersilie · 1 Zweig Liebstöckel · 7 schwarze Pfefferkörner · 4 Wacholderbeeren · 1 mittelgroße Zwiebel · 1 kleines Lorbeerblatt · 2 Nelken
Pro Person etwa 490 Kalorien/2045 Joule

- Zubereitungszeit: 15 Minuten
- Garzeit: 1 1/2 Stunden; im Schnellkochtopf 30 Minuten

So wird's gemacht: Das Wasser in einem großen Topf zum Kochen bringen. Das Fleisch und die Knochen kurz abspülen, mit dem Brühwürfel ins kochende Wasser geben und etwa 10 Minuten sprudelnd kochen lassen; Schaum abschöpfen. • Das frische Suppengrün putzen und kleinschneiden. Die Möhren schaben und halbieren. Die Kräuter waschen, abtropfen und grob hacken. • Die Hitze drosseln und das Fleisch mit den Knochen zugedeckt 20 Minuten sieden lassen. • Dann das Suppengrün, die Möhren, die Kräuter, die Pfefferkörner und die Wacholderbeeren dazugeben. Die Zwiebel halbieren. Das Lorbeerblättchen mit den Nelken an einer Zwiebelhälfte feststecken und zur Fleischbrühe geben. 1 weitere Stunde sieden lassen. • Die Bouillon durch ein Sieb gießen. Das Mark aus den Knochen kleinschneiden und zufügen.

Mein Tip Sie können nach Belieben das kleingeschnittene Rindfleisch und Möhrenscheibchen hineingeben oder die Suppe über je ein rohes Eigelb und Schnittlauch in Tassen füllen und das Fleisch mit frisch geriebenem Meerrettich, unter steife Schlagsahne gemischt, oder mit Frankfurter Sauce (Rezept Seite 44) servieren.

Kerbelsuppe aus Dänemark

2 l Fleischbrühe aus Würfeln · 200 g junge Möhren · 1 kleine Zwiebel · 2 Handvoll frischer Kerbel · 3 Eßl. Butter · 3 gestrichene Eßl. Mehl · 4 Eier
Pro Person etwa 265 Kalorien/1105 Joule

- Zubereitungszeit: 30–40 Minuten

So wird's gemacht: Die Fleischbrühe zum Kochen bringen. Die Möhren schaben, waschen und unzerschnitten in der Brühe weichkochen, etwa 20–30 Minuten, je nach Dicke der Möhren • Die Zwiebel schälen und feinhakken. Den Kerbel waschen, gut abtropfen und hacken oder mit dem Wiegemesser zerkleinern. • Wenn die Möhren fast weich sind, die Butter in einem anderen Topf zerlassen, die Zwiebelwürfel darin glasig braten, mit dem Mehl bestäuben, unter Rühren hell anschwitzen und dann sofort mit der Fleischbrühe ablöschen. Mit dem Schneebesen gut rühren, damit sich keine Klümpchen bilden und 10 Minuten kochen lassen. • Die 4 Eier halbhart kochen, abschrecken, schälen und halbieren. Die Möhren in Scheibchen schneiden und mit dem Kerbel in die Suppe geben; nicht mehr kochen. Die Eihälften in der Suppe anrichten.

Variante: In Dänemark gibt man noch ganz kleine Fleischklößchen und Weißbrotcroutons (geröstete Weißbrotwürfelchen) in die Kerbelsuppe.

Würzfisch im Paket

Bild Seite 28

Fisch gelingt in Alufolie besonders aromatisch. Sie können für dieses Rezept auch jede andere Sorte Fischfilet verwenden.

800–1000 g Steinbutt oder Heilbutt · 1 gestrichener Teel. Salz · Saft von ½ Zitrone · 1 Stange Porree (Lauch) · 1 Bund Dill oder Fenchelgrün · 2 Zweige Zitronenmelisse · 2 Eßl. Öl · 2 Teel. grüner Pfeffer · 4 kleine Scheiben magerer gekochter Schinken · 4 Teel. Butter
Pro Person etwa 295 Kalorien/1230 Joule

- Zubereitungszeit: 35 Minuten

So wird's gemacht: Den Fisch in vier gleichgroße längliche Portionen teilen, eventuell vorhandene Mittelgräte nicht entfernen. Die Fischstücke mit dem Salz bestreuen und mit dem Zitronensaft beträufeln. • Den Porree putzen, gründlich waschen und in dünne Scheiben schneiden. Den Dill oder das Fenchelgrün feinhacken, die Zitronenmelisse kleinzupfen. • 4 große Stücke Alufolie mit dem Öl bestreichen. Die Fischstücke darauflegen, mit den Kräutern und den Pfefferkörnern bestreuen, mit den Porreescheiben belegen und die Schinkenscheiben darüberdekken. • Die Folienpäckchen gut zufalten und den Würzfisch im vorgeheizten Backofen bei 220 °C oder auf dem Grill 20 Minuten garen. • Den Fisch in der geöffneten Folie anrichten. Je 1 Teelöffel Butter daraufsetzen und schmelzen lassen.

Das paßt dazu: neue Kartoffeln, Feldsalat und Weißwein aus der Pfalz.

Das Wildgulasch Jagerloisl, Rezept Seite 35, schmeckt auch mit Hirschfleisch unter Zugabe von etwas Speck sehr raffiniert. ▷

Variante: Sie können Süßwasserfische mit der Würzmischung füllen, die Butter mit in die Bauchöffnung geben – den Schinken weglassen – und die Fische ebenso in der Folie braten oder grillen. Je nach Größe der Fische die Garzeit um 10 Minuten verlängern.

Rosmarinlendchen

4 kleine Schweinelendchen (etwa 500 g) · 4 Scheiben Chesterkäse · 1 gestrichener Teel. getrockneter Rosmarin · 1/2 Teel. Salz · 1 gestrichener Eßl. edelsüßes Paprikapulver · 1 Prise Cayennepfeffer · 3 Eßl. Öl · 1/4 l Hühnerbrühe aus Würfel · 1/2 Becher Sahnejoghurt oder saure Sahne · 1 Eßl. Tomatenmark
Pro Person etwa 400 Kalorien/1685 Joule

- Zubereitungszeit: 10 Minuten
- Garzeit: 20–30 Minuten

So wird's gemacht: Die Lendchen von Sehnen und Fett befreien und der Länge nach in jedes eine Tasche einschneiden. Die Käsescheiben halbieren, je 2 Hälften aufeinandergelegt in die Fleischtaschen stecken und die gefüllten Lendchen mit Küchengarn umwickeln. • Den Rosmarin zwischen den Handflächen zerkrümeln – besser im Mörser zerkleinern –, mit dem Salz, dem Paprikapulver und dem Cayennepfeffer mischen und die Lendchen ringsum gründlich mit der Würzmischung einreiben. • Das Öl in einer Deckelpfanne erhitzen. Die Fleischpäckchen darin von allen Seiten rasch gut anbraten. Die Hühnerbrühe angießen und alles zugedeckt bei mäßiger Hitze 20–30 Minuten garen, je nach Dicke der Lendchen. • Das Fleisch herausnehmen und warm stellen. Den Joghurt oder die saure Sahne mit dem Tomatenmark verquirlen und in der Bratflüssigkeit glattrühren; nur erhitzen, nicht mehr kochen. Das Küchengarn entfernen und die Lendchen in der Sauce anrichten.

Römisches Schnitzel »Saltimbocca«

Saltimbocca heißt »Spring in den Mund«, eine Spezialität aus Rom. Kenner nehmen trockenen Marsala dazu, der leider kaum exportiert wird. Sie können notfalls auf trockenen Madeira oder Sherry ausweichen. Nur sollte der Salbei frisch sein, damit sein typisches Aroma zur Geltung kommt. Kein billiges Essen, aber ein köstliches.

8 kleine Scheiben Kalbfleisch (Nuß/Rose) zu je 70–80 g · 4 gleichgroße Scheiben magerer roher Schinken · 4 frische Salbeiblätter · 1/2 Teel. Salz · 1/4 Teel. weißer Pfeffer · etwa 1 Eßl. Mehl · 2 Eßl. Olivenöl · 4 Eßl. trockener Marsala oder anderer Südwein · 4 Teel. Butter
Pro Person etwa 325 Kalorien/1370 Joule

- Zubereitungszeit: 20 Minuten

So wird's gemacht: Die Fleischscheiben mit dem Handballen drücken. 4 Scheiben mit den Schinkenscheiben belegen, darauf je 1 Salbeiblatt und die restlichen Fleischscheiben. Jedes Päckchen mit Holzspießchen zusammenhalten. • Das Salz, den Pfeffer und das Mehl mischen. Das Öl in einer Pfanne erhitzen. Die Fleischpäckchen mit der Würzmischung auf

◁ Würzfisch im Paket, l. o., Rezept Seite 25.
Grillhähnchen Gärtnermeister, r. o., Rezept S. 32.
Bernhard Hoffmanns Fleischkugeln, l. u., Rezept S. 30.
Steak Provence, r. u., Rezept unten.

beiden Seiten bestäuben und im Öl in etwa 5 Minuten beidseitig braten. • Die Schnitzelchen herausnehmen und warm stellen. Das Öl abgießen. Den Bratsatz mit 1 Eßl. heißem Wasser lösen. Den Wein einmischen. Die Butter darin zergehen lassen und die Sauce über die Schnitzel träufeln. Sofort servieren.

Steak Provence

Bild gegenüber

4 dicke Schweine- oder Rindersteaks zu je 180 g · 1 altbackenes Brötchen · 2 Knoblauchzehen · 3 Eßl. Sahne · 1 Eigelb · 1 gestrichener Teel. Salz · 1/2 Teel. schwarzer Pfeffer · 3 Eßl. feingehackte frische Petersilie · je 1 Eßl. feingehackte frische Pimpinelle und Thymian · einige frische Rosmarin- und Lavendelblättchen · 3 Eßl. Olivenöl

Pro Person etwa 455 Kalorien/1895 Joule

- Zubereitungszeit: 45 Minuten

So wird's gemacht: In die dicken Steaks jeweils waagrecht eine Tasche einschneiden. Das Brötchen mit heißem Wasser einweichen und gut ausdrücken. Die Knoblauchzehen schälen und sehr fein hacken. • Die Brötchenmasse mit der Sahne, dem Eigelb, dem Knoblauch, 1/2 Teelöffel Salz, 1/4 Teelöffel Pfeffer, der Petersilie, der Pimpinelle, dem Thymian und den zerschnittenen Rosmarin- und Lavendelblättchen gut mischen, in die Steaks füllen und diese mit kleinen Metallspießen gut zustecken; quer einstechen, damit die Spieße beim Braten nicht stören. • Das Öl mit dem restlichen Salz und Pfeffer verrühren. Die Steaks damit einpinseln und im vorgeheizten Elektrogrill oder über Holzkohlenglut etwa 30 Minuten bei mäßiger Hitze grillen.

Das paßt dazu: Kartoffelchips, gegrillte Tomaten, marinierte Zucchini (Rezept Seite 40) und Rotwein, am besten aus der Provence.

Mein Tip Es gibt eine fertige Provence-Kräutermischung, die meist Rosmarin, Lavendel, Basilikum, Thymian und Lorbeer enthält. Nehmen Sie davon knapp 1 Teelöffel und fügen Sie die Petersilie frisch dazu.

Gulasch ungarisch

Das ungarische Gulyás ist der Inbegriff für »Paprikawürze«. Aus Rindfleisch, Zwiebeln und Paprika kochten es sich die Hirten der Pußta. Es kann aber auch aus Schwein, Hammel oder Kalb bereitet werden; in vielen Rezepten wird mit Schweineschmalz angebraten. Wir mögen es am liebsten halb Rind halb Schwein, dafür ohne das Schmalz.

500 g Rindfleisch (Schulter) · 500 g Schweinefleisch (Schulter, nicht zu fett) · 4 Zwiebeln · 2 Eßl. Öl · 1 gestrichener Eßl. edelsüßes Paprikapulver · 1/2 Teel. Rosenpaprikapulver · etwa 1/2 l Fleischbrühe aus Würfeln · 1 Teel. Kümmelsaft (Fertigprodukt) oder 1/2 Teel. gemahlener Kümmel · 1/2 Teel. Zucker · 1 kleine Dose Tomatenmark · 1 rote Paprikaschote · 1 kleiner Becher saure Sahne (100 g)

Pro Person etwa 745 Kalorien/3110 Joule

- Zubereitungszeit: 20 Minuten
- Garzeit: 1 1/2 Stunden

So wird's gemacht: Das Fleisch in gleichmäßige, etwa 2 cm große Würfel schneiden. Die Zwiebeln schälen und würfeln. • Das Öl in einem großen Topf erhitzen, die Fleischwürfel nach und nach zugeben und unter Wenden ringsum gut anbraten. Die Zwiebelwürfel zufügen und ebenfalls hell anbräunen. Mit dem Paprikapulver bestäuben, umrühren. 1/4 l Fleischbrühe, den Kümmel und den Zucker dazugeben und das Gulasch zugedeckt bei Mittelhitze schmoren lassen. • Das Tomatenmark mit etwas Fleischbrühe verdünnen. Die Paprikaschote entkernen und kleinwürfeln. Das Tomatenmark und die Paprikawürfel nach 45 Minuten zum Fleisch geben und alles weitere 45 Minuten garen. • Zum Schluß die Sauce eventuell noch mit etwas heißer Fleischbrühe »verlängern«, denn sie soll nicht zu knapp sein, mit Rosenpaprikapulver schärfen, die saure Sahne einrühren und kurz erhitzen, aber nicht mehr kochen lassen.

Bernhard Hoffmanns Fleischkugeln

Bild Seite 28

Der Berliner Gastronom Bernhard Hoffmann hat sich vor etwa 50 Jahren diese Bulettenversion ausgedacht. Sie können sie in der Pfanne oder auf dem Grill zubereiten.

400 g Rinderhackfleisch · 200 g Schweinehackfleisch · 100 g feines Kalbsbrät (Bratwurstmasse) · 3 Eßl. Semmelbrösel oder Weißbrotkrumen · 3 Eßl. Sahne · 1/2 Teel. sehr fein gehackter Knoblauch · 1 gestrichener Teel. weißer Pfeffer · 1 gestrichener Teel. Salz · 4 Eßl. Butter · 4 Eßl. feingeschnittener frischer Schnittlauch · 1 Eßl. feingehackte kleine Kapern · 3 Eßl. Öl

Pro Person etwa 645 Kalorien/2710 Joule

- Zubereitungszeit: 45 Minuten
- Kühlzeit: 30 Minuten

So wird's gemacht: Das Hackfleisch, das Kalbsbrät, die Brösel oder Weißbrotkrumen, die Sahne, den Knoblauch, den Pfeffer und das Salz gut verkneten. • Die Butter mit dem Schnittlauch und den gehackten Kapern gründlich mit einer Gabel mischen. • Den Fleischteig in 8 Portionen teilen, jede zu einer Kugel formen, ein Loch eindrücken, jeweils ein Achtel der Schnittlauchbutter hineingeben und die Öffnung wieder gut zukneten. Die Kugeln 30 Minuten in den Kühlschrank stellen. • Das Öl in einer Pfanne erhitzen und die Kugeln darin unter Umwenden etwa 15 Minuten braten. Wenn Sie die Kugeln grillen, werden diese mit dem Öl bepinselt. Sollten beim Holzkohlengrill die Stäbe des Grillrostes zu weit voneinander entfernt sein, ein Stück Alufolie unter die Kugeln legen. Grillzeit etwa 20 Minuten.

Chili con carne

Eine mexikanische Spezialität, die stilecht im Tontopf serviert wird. Als ich sie vor Jahren zur ersten Mal probierte – von einem Texaner zubereitet – blieb mir die Luft weg. Sie müssen nicht so scharf würzen, doch feurig soll das Chili schon schmecken. Es ist als raffiniert-einfaches Partygericht zu empfehlen.

500 g mageres Rindfleisch · 2 Zwiebeln · 2 Knoblauchzehen · 1 scharfe Pfefferschote (Chilischote) · 250 g Tomaten · 2 Eßl. Rinderfett · 1–2 Eßl. Chilipulver je nach Schärfe · 1/2 Teel. Salz · 1 Dose rote Bohnenkerne (etwa 500 g) · 1/8 l Fleischbrühe aus Würfel
Pro Person etwa 430 Kalorien/1800 Joule

- Zubereitungszeit: 20 Minuten
- Garzeit: 1 Stunde in der Tonform, 40 Minuten in der Pfanne

So wird's gemacht: Das Fleisch gleich beim Metzger schnetzeln (in kleine Scheibchen schneiden) lassen oder in 1 cm große Würfelchen schneiden. Notfalls können Sie Hackfleisch verwenden, dann ist es nicht ganz echt, wird aber rascher gar. • Die Zwiebeln schälen und würfeln. Die Knoblauchzehen schälen. Die Pfefferschote entkernen und in Streifen schneiden. Die Tomaten einritzen, heiß überbrühen, abziehen und in Streifen schneiden. • Das Rinderfett in einer großen Pfanne erhitzen. Die Fleischwürfel darin unter Rühren bräunen. Die Zwiebelwürfel zugeben und hell anbraten. Die ganzen Knoblauchzehen, die Pfefferschoten- und Tomatenstreifen, das Chilipulver und das Salz einmischen. • Alles in eine gewässerte Tonform füllen, mit den Bohnenkernen aus der Dose bedecken und mit der Fleischbrühe übergießen. • Die Form schließen, auf den Rost (unterste Schiene) in den kalten Backofen stellen und bei 250 °C 1 Stunde backen. Sehr heiß servieren.

Das paßt dazu: Stangenweißbrot und Bier.

Fernöstliche Leber mit Sesam

Dieses Gericht stammt aus Korea. Sesam wird aber von Babylon bis China schon seit alters her viel verwendet.

500 g Geflügel- oder Kalbsleber · 2 junge Zwiebeln mit grünen Trieben oder Schalotten · 4 Eßl. Öl · 1/4 Teel. flüssige Knoblauchwürze · 2 Eßl. geschroteter Sesamsamen · 1/4 l Wasser oder Hühnerbrühe · 1/2 Teel. Glutamat · 2 gestrichene Teel. Speisestärke · 1 Eßl. Sojasauce · 1 Prise Zucker
Pro Person etwa 360 Kalorien/1510 Joule

- Zubereitungszeit: 20 Minuten

So wird's gemacht: Die Leber rasch kalt abspülen, trockentupfen und in schmale Streifen schneiden. Die Zwiebeln schälen und in dünne Scheiben schneiden, auch den zarten Teil der grünen Triebe. • Das Öl in einer Pfanne erhitzen. Die Zwiebeln, die Knoblauchwürze und den Sesamsamen kurz darin braten. Die Leberstreifen zufügen und unter Wenden 2–3 Minuten rösten. • Mit dem Wasser oder der Hühnerbrühe ablöschen. Das Glutamat zufügen; es kann bei Verwendung von Hühnerbrühe auch wegbleiben. Die Speisestärke mit wenig kaltem Wasser anrühren, die Sauce damit binden, vom Herd nehmen, den Zucker zufügen. Sofort servieren.

Das paßt dazu: körniger Reis und grüner Tee.

Nasi goreng

Bild Seite 37

Dieses indonesische Gericht ist wie viele Spezialitäten der fernöstlichen Küchen ein Star im Würzrepertoire. Der Name bedeutet »Gebratener Reis«, also etwa eine bunte Reisschüssel, wie wir sie auch aus vielen anderen Ländern kennen.

250 g Patna-Langkornreis · 1 1/2 l Wasser · 1 1/2 Teel. Salz · 150 g Krabben oder Crabmeat aus der Dose · 250 g gekochtes Huhnfleisch ohne Haut und Knochen · 3 kleine Zwiebeln · 1 Knoblauchzehe · 1 kleine rote Pfefferschote · je 1 gestrichener Teel. gemahlener Kurkuma und Kardamom · je 1/2 Teel. gemahlener Koriander, Kreuzkümmel, Ingwer und Zimt · je 1/4 Teel. Senfpulver und Macis (Muskatblüte) · je 1 Hauch gemahlene Nelken und Piment · 1 Tasse Öl · 2 Eßl. feingehackte, frische krause Petersilie

Pro Person etwa 620 Kalorien/2595 Joule

- Zubereitungszeit: 40 Minuten

So wird's gemacht: Den Reis waschen, bis das Wasser klar bleibt. Das Wasser mit dem Salz zum Kochen bringen. Den Reis hineinschütten, umrühren und 15 Minuten kochen. • Die Krabben oder das Crabmeat kalt abspülen und abtropfen lassen. Das Huhnfleisch in schmale Streifen schneiden. Die Zwiebeln schälen und feinwürfeln. Den Knoblauch schälen, hacken und zerdrücken. • Den garen Reis auf ein Sieb schütten, lauwarm abbrausen, abtropfen und im heißen Topf 2 Minuten unter Rühren trocknen; die Kochplatte schon abschalten. • Die Pfefferschote kleinschneiden. Die Gewürze von Kurkuma bis Piment gut mischen. • Das Öl in einer hochwandigen Pfanne erhitzen. Die Zwiebelwürfel und den Knoblauch darin glasig braten. Die Pfefferschotenstückchen kurz mitbraten, dann die Gewürzmischung einrühren. • Nach einigen Minuten den Reis und das Huhnfleisch zufügen und 10 Minuten unter Rühren braten. • Zuletzt die Krabben oder das Crabmeat einmischen und erwärmen. Eventuell nachsalzen. Den Reis als Hügel anrichten und mit Petersilie bestreuen.

Das paßt dazu: Senfgurken, Mixed Pickles, eingelegter Ingwer, gebratene Banane und Ananas, Mangochutney, Kokosflocken, Curry- und Tomatenketchup, Boemboe und Sambal – am besten möglichst vielerlei.

Grillhähnchen Gärtnermeister

Bild Seite 28

Die Kräutermischung für dieses Grillhähnchen stammt aus der klassischen französischen Küche. Original gehören zu diesen »fines herbes« Schnittlauch, Petersilie, Kerbel und Estragon, wobei nur der Estragon notfalls getrocknet verwendet werden darf.

1 bratfertiges Hähnchen von etwa 1 kg · 1 Bund Schnittlauch · 1 Bund Petersilie · je 2 große oder 4 kleine Zweige Kerbel und Estragon · 1/2 Teel. feingehackter Knoblauch · 1/2 Teel. frisch gemahlener weißer Pfeffer · 2 gestrichene Teel. Salz · 2–3 Eßl. feingehackte frische Champignons ·

1 Eßl. Butter · 2 Eßl. Öl · 1/2 Teel. Zucker · 1 gestrichener Teel. Chilipulver
Pro Person etwa 345 Kalorien / 1445 Joule

- Zubereitungszeit: 20 Minuten
- Garzeit: 50–60 Minuten

So wird's gemacht: Das Hähnchen waschen und trockentupfen. Die Kräuter waschen, gut abtropfen lassen und grob zerschneiden oder zerzupfen; mit dem Knoblauch, dem Pfeffer, 1 Teelöffel Salz, den Champignons und der Butter in den Bauch des Hähnchens füllen. Die Öffnung mit Küchengarn zunähen. • Das Öl mit dem restlichen Salz, dem Zucker und dem Chilipulver verrühren. Das Hähnchen auf den Drehspieß stecken, mit dem gewürzten Öl bestreichen und bei nicht zu großer Hitze 50–60 Minuten grillen. Wenn die Haut zu rasch dunkel wird, die Hitze verringern. Unter den Spieß eine Auffangschale stellen, restliches Würzöl darin mit abtropfendem Bratsaft verrühren und das Hähnchen von Zeit zu Zeit damit bepinseln.

Mein Tip Wenn Sie öfter mit Holzkohle grillen, sollten Sie einmal ein würziges getrocknetes Kraut, zum Beispiel Rosmarin, in die Glut streuen.

Spanische Huhnpastete

Diese Pastete ist ein Gruß an Castelldeféls bei Barcelona. Ich machte sie zum ersten Mal für meinen besten Freund, der viele Jahre dort verbracht hat. Sie schmeckte ihm sehr. Wir nehmen sie auch kalt mit, wenn wir zum Picknick »ausfliegen«.

Zutaten für 4–6 Personen:
100 g tiefgefrorene Shrimps · 125 g Margarine · 250 g Mehl · reichlich 1/2 Teel. Salz · 4 Eßl. Wasser · 200 g gekochtes Huhnfleisch ohne Haut und Knochen · 1 Zwiebel · 1 Knoblauchzehe · 1 gelbe Paprikaschote · 2 nicht zu saftige Tomaten · 2 Eßl. Olivenöl · 1 Prise schwarzer Pfeffer · 1 Prise Safran · 1 Eigelb
Pro Person etwa 635 bzw. 425 Kalorien / 2660 bzw. 1775 Joule

- Auftauzeit: 2 Stunden
- Zubereitungszeit: 30 Minuten
- Ruhezeit: 1 Stunde
- Garzeit: 40 Minuten

So wird's gemacht: Die Shrimps zugedeckt etwa 2 Stunden auftauen lassen. • Die Margarine rechtzeitig aus dem Kühlschrank nehmen, damit sie weich wird. Die Margarine mit dem Mehl und 1 Prise Salz in einer Schüssel mit den Fingerspitzen vorsichtig zerkrümeln. Mehl und Fett müssen gründlich vermischt sein, erst dann 3 Eßlöffel Wasser zugießen und rasch einarbeiten. Den Teig nicht kneten, nur drücken, sonst wird er nicht mürbe! Den Teig 1 Stunde kalt stellen. • Das Huhnfleisch in zentimetergroße Würfel, die Shrimps in ebensolche Stücke schneiden. Die Zwiebel schälen und feinhacken. Den Knoblauch schälen, hacken und zerdrücken. Die Paprikaschote entkernen und ebenso wie die Tomaten in schmale Streifen schneiden. • Das Öl erhitzen, die Zwiebel und den Knoblauch kurz darin anrösten. Die Paprika- und Tomatenstreifen zufügen, kurz anbraten. Dann das

Huhnfleisch sowie 1/2 Teelöffel Salz und den Pfeffer dazugeben. Einige Minuten weiterbraten. Zum Schluß die Shrimps darin nur noch erwärmen. Den Safran mit 1 Eßlöffel warmem Wasser verrühren und einmischen. • Vom Mürbeteig auf bemehlter Fläche zwei gleichgroße runde Platten ausrollen. Eine davon auf ein gefettetes Blech legen, die Huhnfüllung in die Mitte häufen, den Teigrand mit Eigelb bestreichen. Die zweite Teigplatte darüberdecken und am Rand gut andrücken. In die Teigmitte eine kleine Öffnung schneiden. Die Oberfläche mit restlichem Eigelb bestreichen. Die Pastete im vorgeheizten Backofen bei 220 °C etwa 40 Minuten backen.

Das paßt dazu: frische Salate und spanischer Rotwein.

Mein Tip Kaufen Sie keinen billigen Safran, er muß eine orangerote Farbe haben. Lassen Sie ihn eventuell lieber ganz weg und mischen Sie in die Füllung 10–15 gefüllte grüne Oliven in Scheiben.

Hase nach Winzerart

Bild 4. Umschlagseite

Eine köstliche und dabei einfache Art, Hasenfleisch zuzubereiten aus Frankreich.

1 Möhre · 1 Knoblauchzehe · 1 Bund Petersilie · 1/4 l Wasser · 1/4 l guter Weinessig · 1/2 Teel. getrockneter Thymian · 2–3 Lorbeerblätter · Salz · grob gemahlener Pfeffer · 1 Paar Hasenkeulen oder 1 Hasenrücken · 2 Eßl. Butter · 1 gestrichener Teel. edelsüßes Paprikapulver · 1 Gläschen (2 cl) Cognac · 1/8 l Sahne · 1/4 Teel. scharfer französischer Senf · etwa 10–12 Weinbeeren

Pro Person etwa 380 Kalorien/1590 Joule

- Zubereitungszeit: 30 Minuten
- Marinierzeit: 2 Tage
- Garzeit: 45–50 Minuten

So wird's gemacht: Die Möhre schaben und kleinschneiden, die Knoblauchzehe schälen und zerdrücken, die Petersilie hacken. • In einem großen Gefäß das Wasser mit dem Weinessig mischen, die Möhre, den Knoblauch, die Petersilie, den Thymian und die Lorbeerblätter zugeben. Salzen, pfeffern. • Das Hasenfleisch für 2 Tage in diese Marinade legen. • Dann das Fleisch herausnehmen, mit Küchenkrepp abtupfen. • In einem schweren Topf die Butter zerlassen, das Fleisch hineingeben, mit dem Paprika, Salz und Pfeffer würzen und zugedeckt bei kleinster Hitze 40 bis 45 Minuten dünsten. • Wenn es fast gar ist, das Fleisch herausnehmen, mit Cognac übergießen und den Cognac anzünden. Das Fleisch in einem feuerfesten Gefäß warm stellen. • Den Bratfond mit der Sahne lösen, den Senf hineinrühren und nach Belieben scharf abschmecken. Die Sauce über das Fleisch gießen. Die Weinbeeren schälen, entkernen und in die Sauce geben. Nicht mehr kochen, sondern nur noch etwa 5 Minuten bei kleiner Hitze ziehen lassen.

Variante: Aus kaltem Wildfleisch mit Essig, Öl, Salz, Tabasco, Silberzwiebeln, Champignons und Cumberland-Sauce bereiten Sie einen pikanten Wildsalat.

Wildgulasch Jagerloisl

Bild Seite 27

Vom Jagdglück des Jagerloisl vom Tegernsee erzählt uns der bayrische Schriftsteller Ludwig Thoma. Dank der Tiefkühlindustrie brauchen wir heute nicht mehr die Jagdzeiten abzuwarten, sondern können das ganze Jahr über schmackhafte Wildgerichte servieren.

750 g Wildschweingulasch · 4 Wacholderbeeren · 3 Pimentkörner · 2 Eßl. Weinessig · 1 l Buttermilch · 100 g durchwachsener Speck · 3 mittelgroße Zwiebeln · 2 Eßl. Öl · 1/2 Teel. schwarzer Pfeffer · 1/2 Teel. getrockneter Thymian · 1 gestrichener Teel. Paprikapulver · 2 Teel. Worcester-Sauce · 3/8 l Fleischbrühe aus Würfel · 2 gestrichene Eßl. Mehl · 1/8 l herber Rotwein

Pro Person etwa 495 Kalorien / 2075 Joule

- Marinierzeit: etwa 12 Stunden
- Zubereitungszeit: 15 Minuten
- Garzeit: etwa 70 Minuten

So wird's gemacht: Die Wildschweinwürfel in eine Schüssel geben. Die Wacholderbeeren zerdrücken, mit den Pimentkörnern, dem Essig und der Buttermilch mischen und über das Fleisch gießen. Über Nacht marinieren lassen. • Die Fleischwürfel aus der Beize nehmen und trockentupfen. Den Speck kleinwürfeln. Die Zwiebeln schälen und kleinhacken. • In einem großen Topf das Öl erhitzen. Die Speckwürfel darin ausbraten. Das Fleisch, die Zwiebeln, den Pfeffer, den Thymian, das Paprikapulver und die Worcester-Sauce zum Speck geben und unter Rühren kurz anbraten. Mit der Fleischbrühe aufgießen und bei mittlerer Hitze in reichlich 1 Stunde zugedeckt weichschmoren. • Das Mehl mit dem Rotwein verrühren. Die Sauce damit binden und mit etwa 4 Eßlöffeln durchgesiebter Buttermilchmarinade abschmecken.

Das paßt dazu: Semmelknödel oder Teigwaren, Rosenkohl und ein kräftiger Rotwein.

Italienischer Nudelauflauf

Nudelauflauf ist ein sehr beliebtes italienisches Gericht, speziell »Lasagne«, wie die großen rechteckigen Nudelblätter heißen. Wichtig ist, daß man sie nicht zu weich, sondern »al dente« (bißfest) kocht.

300 g Lasagne (Nudelteigblätter) · Salz · 4 Eßl. Olivenöl · 250 g Rinderhackfleisch · 150 g Schweinehackfleisch · 1 Zwiebel · 1 Päckchen tiefgefrorenes Suppengrün · 300 g geschälte Tomaten aus der Dose · 1 gestrichener Teel. Mehl · 1/8 l Rotwein · 1/8 l Fleischbrühe aus Würfel · 1/2 Eßl. Butter oder Margarine · 1/2 Teel. schwarzer Pfeffer · 3 Eßl. feingehackte Petersilie · 2 Eßl. feingehacktes Basilikum · 1/2 Tasse Sahne · 50 g geriebener Parmesankäse

Pro Person etwa 830 Kalorien / 3485 Joule

- Zubereitungszeit: 45 Minuten
- Garzeit: 30 Minuten

So wird's gemacht: Die Nudelteigblätter in reichlich Salzwasser nach Vorschrift kochen.

Nasi goreng, Rezept Seite 32, ist das klassische Beispiel für die gute Kombination indonesischer Gewürzvielfalt. ▷

Dem Kochwasser 1 Eßl. Öl zufügen, dann kleben die Nudeln nicht aneinander. • Das restliche Öl erhitzen und das Hackfleisch darin unter Rühren anbraten. Die Zwiebel schälen, hacken und mit dem Suppengrün zugeben; 2 Minuten mitbraten. Die Tomaten grob zerschneiden, unter das Fleisch mischen, das Mehl darüberstäuben, unterheben und mit dem Wein und der Fleischbrühe auffüllen. Die Fleischsauce zugedeckt bei milder Hitze 30 Minuten schmoren lassen. • Die garen Nudelblätter abschrecken und abtropfen lassen. Eine Auflaufform ausfetten. Die Fleischsauce mit dem Pfeffer und Salz abschmecken und die Kräuter daruntermischen. • In die Form lagenweise Nudelblätter und Fleischsauce füllen, oberste Schicht Sauce. Die Sahne mit dem Käse verquirlen, darübergießen und den Auflauf im vorgeheizten Backofen bei 200 °C 30 Minuten überbacken. Heiß servieren.

Das paßt dazu: Kopfsalat und italienischer Rotwein.

Wildschönauer Speckknödel

In der Wildschönau in Tirol wohnt meine Freundin Luise, die mir schon viele gute Küchenratschläge gegeben hat. Sie verriet mir auch, daß Semmelknödel und Speckknödel erst den richtigen Pfiff bekommen, wenn man sie mit Majoran würzt.

Zutaten für 4–6 Personen:
10 altbackene Semmeln (Brötchen) oder die entsprechende Menge Knödelbrot (500 g) · 1/4 l Milch · 1 große Zwiebel · 100 g durchwachsener Speck oder Rauchfleisch · 1 Bund Petersilie · 2 Eßl. Butter oder Margarine · 5 Eier · 1 Teel. getrockneter Majoran · Salz
Pro Person etwa 730 bzw. 485 Kalorien / 3060 bzw. 2040 Joule

- Zubereitungszeit: 30 Minuten
- Garzeit: 15 Minuten

So wird's gemacht: Die Semmeln in sehr dünne Scheiben schneiden, am besten mit der Brotmaschine. In Süddeutschland und Österreich gibt es fertig geschnittenes Knödelbrot. Das Knödelbrot in einer hohen Schüssel mit der angewärmten Milch übergießen und 20 Minuten weichen lassen. • Inzwischen die Zwiebel schälen und feinwürfeln. Den Speck in kleine Würfel schneiden, in einer Pfanne auslassen und die Zwiebelwürfel darin leicht anbraten. Die Petersilie feinhacken. • Die Butter, die Petersilie, den Speck mit den Zwiebeln und dem heißen Speckfett auf die Knödelmasse geben, dazu die Eier. Den Majoran zwischen den Handflächen darüber zerreiben. 1 gestrichenen Teelöffel Salz darüberstreuen. • Einen großen Topf mit reichlich Salzwasser zum Kochen bringen. Die Knödelmischung mit den Händen gründlich verkneten und daraus kinderfaustgroße Knödel formen; die Hände immer wieder mit kaltem Wasser anfeuchten. • Die Knödel ins kochende Wasser geben, die Hitze verringern, so daß die Knödel in 15–20 Minuten garziehen. Mit dem Schaumlöffel herausnehmen und gut abtropfen lassen. Wenn der Topf nicht sehr groß ist, muß man die Knödel auf zwei Raten garen.

Das paßt dazu: grünes Pilzragout (Rezept Seite 39). Speckknödel passen ausgezeichnet

◁ Der Westfälische Bohnentopf, Rezept unten, eine einfach-würzige Mahlzeit, schmeckt allen Freunden deftiger Gerichte.

zu Wildgerichten, zu Schweinefleisch mit Sauerkraut, auch als Fleischbrüheinlage.

Mein Tip Die Menge ist reichlich. Versuchen Sie restliche Speckknödel, kalt in Scheiben geschnitten, mit Essig, Öl, Pfeffer, Salz und eventuell Zwiebeln angemacht – eine bayerische Spezialität.

Grünes Pilzragout

Am besten schmecken frisch gesammelte Pilze, gemischt oder nur Steinpilze. Sind Sie nicht in der glücklichen Lage, dann kaufen Sie frische Champignons.

500 g frische Pilze nach Wahl · 3 Schalotten · 3 Eßl. Öl oder Margarine · etwa 1 Teel. Pilzpulver, je nach Würzkraft der Pilze · 1 gestrichener Teel. Salz · 1 kleine Messerspitze Cayennepfeffer · 3 Teel. Butter · 1/2 Tasse feingehackte, frische gemischte Kräuter wie Petersilie, Dill, Thymian, Borretsch, Estragon oder 1 Päckchen tiefgefrorene gemischte Kräuter · 1–2 Eßl. feingehacktes Fenchelgrün
Pro Person etwa 140 Kalorien / 590 Joule

- Zubereitungszeit: etwa 40 Minuten

So wird's gemacht: Die Pilze putzen, rasch gründlich waschen und gut abtropfen lassen, dann feinschneiden. Die Schalotten putzen, eventuell schälen und kurz waschen, mit dem frischen Grün in feine Ringe schneiden. • Das Öl oder die Margarine erhitzen, die Schalotten kurz darin anbraten – sie sollen nicht braun werden. Die Pilze und das Pilzpulver zugeben und unter Rühren in 10–15 Minuten garen. Die Flüssigkeit soll dabei etwas einkochen. • Die Pilze mit dem Salz und dem Cayennepfeffer abschmecken, vom Herd nehmen. Die Butter und die Kräuter unterheben. Sofort servieren.

Das paßt dazu: Speckknödel (Rezept Seite 36) oder Reis. Eine vorzügliche Beigabe zu Wildgerichten.

Westfälischer Bohnentopf

Bild gegenüber

250 g durchwachsener Speck · 1 l Fleischbrühe · 4 Möhren · 4 kleine Kartoffeln · 1 großer saftiger Apfel · 2 kleine Birnen · 1 Paket tiefgefrorene grüne Bohnen (300 g) · 2 Zweige frisches oder 1 Teel. getrocknetes Bohnenkraut · 1 Dose weiße Bohnen (450 g) · 1 1/2 Teel. Salz · 1/2 Teel. weißer Pfeffer · 3 Eßl. gehackte frische Petersilie
Pro Person etwa 675 Kalorien / 2830 Joule

- Zubereitungszeit: 1 Stunde

So wird's gemacht: Den Speck in große Würfel schneiden. Die Fleischbrühe erhitzen und die Speckwürfel darin 20 Minuten kochen. • Die Möhren putzen und in Scheiben schneiden. Die Kartoffeln schälen und vierteln. Den Apfel und die Birnen schälen, entkernen und ebenfalls vierteln. • Nach den 20 Minuten die Möhrenscheibchen, die Kartoffel-, Apfel-

und Birnenviertel, die grünen Bohnen und das Bohnenkraut in den Topf geben und alles bei milder Hitze weitere 20 Minuten garen. • Dann die weißen Bohnen zufügen und 10 Minuten mitgaren. • Die Bohnenkrautzweige entfernen. Den Eintopf salzen und pfeffern. Mit der Petersilie bestreut anrichten.

Das paßt dazu: Bauernbrot und Bier.

Rotkohl mit Früchten

1 Kopf Rotkohl von knapp 1 kg · 50 g Gänseschmalz oder Margarine · 1/8 l Rotwein · 1/8 l Wasser · 1 Zwiebel · 2 Nelken · 1 kleines Stück Zimtstange · 1 Prise geriebene Muskatnuß · 1 gestrichener Teel. Salz · 1/2 Teel. schwarzer Pfeffer · 100 g große Dörrpflaumen (Backpflaumen) ohne Stein · 1 großer säuerlicher Apfel · 3 Eßl. Johannisbeergelee
Pro Person etwa 305 Kalorien / 1280 Joule

- Zubereitungszeit: 20 Minuten
- Garzeit: 45–60 Minuten

So wird's gemacht: Den Rotkohl von äußeren schlechten Blättern befreien, vierteln, ohne den Strunk in schmale Streifen schneiden oder hobeln, rasch gründlich kalt abbrausen und gut abtropfen lassen. • Das Schmalz oder die Margarine erhitzen. Die Kohlstreifen kurz darin wenden, dann den Wein und das Wasser angießen. Die Zwiebel schälen, halbieren, mit den Nelken bestecken und mit der Zimtstange, dem Muskat, dem Salz und dem Pfeffer zugeben. Zugedeckt bei mäßiger Hitze in 45–60 Minuten weichschmoren. • Nach 15 Minuten Garzeit die Pflaumen dazugeben. • Den Apfel schälen, entkernen, in kleine Scheibchen schneiden, nach weiteren 15 Minuten zum Rotkohl geben. • Vor dem Servieren die besteckten Zwiebelstücke und die Zimtstange entfernen und das Gemüse mit dem Johannisbeergelee fruchtig abschmecken.

Mein Tip Eine vorzügliche Beigabe zu Schweine-, Gänse- und Wildbraten.

Zucchinivorspeise

Bild Seite 18

Diese marinierten Zucchini kann man auf Vorrat zubereiten, denn sie halten sich im Kühlschrank mehrere Tage und schmecken pikant zu kaltem Braten, zu Wurst oder Schinken.

Zutaten für 8 Personen:
750 g kleine Zucchini (Courgettes) · 7 Eßl. Olivenöl · 1/2 Teel. getrockneter Oregano · 1 gestrichener Teel. Salz · 2 Knoblauchzehen · 4 Eßl. gehackte frische Petersilie · 2 Eßl. Weinessig · 1 Prise Cayennepfeffer
Pro Person etwa 80 Kalorien / 340 Joule

- Zubereitungszeit: 25 Minuten
- Kühlzeit: 2–3 Tage

So wird's gemacht: Die Zucchini waschen, abtrocknen, die Enden abschneiden und die Früchte in 2–3 mm dicke Scheibchen schneiden. • 4 Eßlöffel Öl in einer Pfanne erhitzen.

Die Zucchinischeibchen darin rasch braun braten, den Oregano darüber zerrebeln. Die gebratenen Scheibchen salzen und abkühlen lassen. • Den Knoblauch schälen und feinhakken. Die Zucchinischeiben in ein Einmachglas schichten. Zwischen jede Schicht Öl, Knoblauch, Petersilie, Essig und einen Hauch Cayennepfeffer geben. Das Glas mit Folie verschließen und 2–3 Tage in den Kühlschrank stellen. 30 Minuten vor dem Servieren die benötigte Menge aus dem Kühlschrank nehmen, da man sie nicht zu kalt ißt.

Auberginen nach der Art von Neapel

Bild Seite 18

3 große Auberginen · 2 gestrichene Teel. Salz · 1 Zwiebel · 5 Eßl. Olivenöl · 1 Dose geschälte Tomaten (500 g) · 2 Teel. feingehacktes frisches oder 1/2 Teel. getrocknetes Basilikum · 1/2 Teel. Oregano · 1 Mozzarellakäse (süditalienischer Weichkäse) · schwarzer Pfeffer aus der Mühle · 2 Eßl. feine Weißbrotkrumen · 4 Eßl. Parmesankäse
Pro Person etwa 260 Kalorien/ 1090 Joule

- Zubereitungszeit: 40 Minuten
- Garzeit: 40 Minuten

So wird's gemacht: Die Auberginen waschen, vom Stielansatz befreien und in etwa halbzentimeterdicke Scheiben schneiden. Die Scheiben mit 1 1/2 Teelöffeln Salz bestreuen und 30 Minuten stehenlassen. • Die Zwiebel schälen und in Ringe schneiden. 2 Eßlöffel Öl erhitzen, die Zwiebelringe darin glasig braten. Die Tomaten zerschneiden, mit den Kräutern und dem restlichen Salz zu den Zwiebeln geben. Unter Rühren bei mäßiger Hitze etwa 20 Minuten kochen lassen. • Die Auberginenscheiben leicht drücken, damit Saft abfließt, dann abtrocknen. 2 Eßlöffel Öl in einer Pfanne erhitzen und die Scheiben darin rasch beidseitig bräunen. • Eine feuerfeste Form mit Öl ausstreichen. Lagenweise Auberginenscheiben, zerbröckelten Mozzarella und, durch ein Sieb gerührt, Tomatensauce einfüllen. Die Sauce jeweils mit der Pfeffermühle übermahlen. Obenauf Brotkrumen und Parmesankäse streuen und restliches Öl darüberträufeln. • Das Gericht im vorgeheizten Backofen bei 190 °C etwa 40 Minuten überbacken.

Variante: Sie können die oberste Schicht mit den Brotkrumen auch weglassen, den Parmesankäse zwischen die Lagen streuen und noch Eischeiben dazwischenlegen (Bild).

Levantiner Gurkensalat

Bild Seite 17

Dieser Salat taucht in verschiedensten Versionen in den Ländern des Balkan und des Vorderen Orient auf. Sie brauchen frischen weißen, also weichen Schafskäse dazu.

1 junge Salatgurke · 1 Sträußchen frische Pfefferminze · 4 Eßl. Olivenöl · 2 Eßl. Zitronensaft · 1/2 Teel. Salz · 1/2 Teel. grobgemahlener schwarzer Pfeffer · 1 Prise Zucker · 1 Teel. feingehackter Dill · 250 g frischer weicher Schafskäse
Pro Person etwa 325 Kalorien/1355 Joule

- Zubereitungszeit: 20 Minuten

So wird's gemacht: Die Gurke waschen, abtrocknen und mit der Schale in dünne Scheiben schneiden. Die Pfefferminze waschen, abtropfen lassen; die Hälfte davon feinhacken, von den restlichen Zweigen die Blättchen nur abzupfen. • Das Öl mit dem Zitronensaft, dem Salz, dem Pfeffer, dem Zucker, dem Dill und der gehackten Pfefferminze verrühren. • Die Gurkenscheiben und den grob zerbröckelten Schafskäse auf einer Schale anrichten, mit der Salatsauce beträufeln und mit den Pfefferminzblättchen dekorieren.

Bohnensalat Anna

Wenn ich meine Großmutter besuchte, die lange Jahre in Brüssel gelebt hatte, gab es zur Begrüßung Bohnensalat. Nirgends schmeckte er so gut wie bei ihr. Sie nahm natürlich frische grüne Bohnen vom Gärtner. Wir können heute auch tiefgefrorene verwenden.

500 g frische junge oder 1 Paket tiefgefrorene grüne Bohnen · 1 Zwiebel · 2 Teel. Butter · 1/2 l Wasser · 1 1/2 Teel. Salz · 3 Zweige Bohnenkraut · 1 Prise geriebene Muskatnuß · 4 Eßl. Olivenöl · 2 Eßl. Weinessig · 1/2 Teel. schwarzer Pfeffer
Pro Person etwa 145 Kalorien/615 Joule

- Vorbereitungszeit: 25 Minuten
- Zubereitungszeit: 10 Minuten
- Marinierzeit: 1 Stunde

So wird's gemacht: Frische Bohnen waschen, abtropfen lassen, abfädeln, große durchbrechen. Die Zwiebel schälen und würfeln. • Die Zwiebelwürfel in der Butter hell anbraten, die Bohnen zufügen, umwenden. Das Wasser, 1 Teelöffel Salz, das Bohnenkraut und die Muskatnuß dazugeben. Etwa 25 Minuten garen. Tiefgefrorene Bohnen ebenso in der Zwiebelbutter wenden, dann mit Wasser nach Packungsvorschrift garen. Sie sollen nicht zu weich werden. • Das Öl, den Essig, den Pfeffer und 1/2 Teelöffel Salz verrühren. • Die Bohnen auf ein Sieb gießen, das Bohnenkraut entfernen. Die Bohnen noch lauwarm mit der Salatsauce mischen und 1 Stunde ziehen lassen.

Mein Tip Der Salat schmeckt noch erfrischender, wenn Sie Tomaten- und/ oder Salatgurkenscheiben daruntermischen.

Krevettencreme

Bild Seite 47

100 g Krevetten, tiefgefroren oder aus der Dose, notfalls Nordseekrabben · 1/2 Tasse Portwein · 3 Eigelbe · Saft und abgeriebene Schale von 1/2 Zitrone · 1 Tasse flüssige Butter · 1/2 Teel. Salz · 1/4 Teel. weißer Pfeffer · 1 kleine Dose Kaviar (30 g) oder 2 Teel. feine schwarze Trüffelstreifchen
Pro Person etwa 280 Kalorien/1185 Joule

- Auftauzeit: 2 Stunden
- Zubereitungszeit: 15 Minuten

So wird's gemacht: Tiefgefrorene Krevetten antauen, abspülen, abtropfen lassen, mit dem Portwein übergießen und ganz auftauen lassen. Dosenkrevetten ebenfalls abspülen, abtropfen und 2 Stunden mit dem Wein marinieren. • Die Eigelbe in einer Schüssel im Wasserbad (das Wasser im Außentopf darf nur leise sieden) mit dem Zitronensaft und der -schale cremig schlagen. Nach und nach die flüssige, aber nicht mehr heiße Butter dazuschlagen. • Die Krevetten abgießen und den Portwein mit in die Creme rühren. Mit dem Salz und dem Pfeffer abschmecken. Vom Herd nehmen. Die Krevetten etwas zerschneiden, Krabben nur halbieren, und unter die Sauce heben. Den Kaviar oder die Trüffelstreifchen obenaufstreuen. Warm servieren.

Mein Tip Die kostbare Sauce paßt zu feinen Fischgerichten. • Zu gegrilltem Lachs oder Heilbutt können Sie die Krevettencreme kalt zubereiten. Dann statt Butter Öl verwenden und mit den Eigelben daraus eine Mayonnaise rühren.

Avocadowürzsauce

Bild Seite 47

Diese Art fruchtiger Würzsaucen nennt man Relish. Es gibt verschiedene Relishes fertig zu kaufen. Sie schmecken alle sehr apart zu Grilladen und zu Fleischfondues.

1 große oder 2 kleine reife Avocado · 1 Zwiebel · 1/2 Tasse Fleischbrühe · 1/2 Teel. frisch gemahlener weißer Pfeffer · 1/2 säuerlicher Apfel · 3 Eßl. Mayonnaise · 1 gestrichener Teel. Currypulver · 2 Teel. Zitronensaft · eventuell Salz

Pro Person etwa 205 Kalorien/860 Joule

- Zubereitungszeit: 15 Minuten

So wird's gemacht: Die Avocado halbieren, den Kern entfernen, das Fruchtfleisch mit einem Löffel herauslösen und grob würfeln. Ein Drittel der Würfel in den Kühlschrank stellen. • Die Zwiebel schälen, feinhacken und mit der Fleischbrühe sowie dem Pfeffer einige Minuten weich kochen. Die Mischung zu den übrigen Avocadowürfeln geben und diese damit zu einer dicken cremigen Sauce schlagen. • Den Apfel schälen, entkernen und grob reiben. Sofort in die Sauce mischen, dazu die Mayonnaise, den Curry und den Zitronensaft. Eventuell noch etwas salzen, doch die Fleischbrühe ist schon salzig. • Die gekühlten Avocadowürfel darüberstreuen und leicht unterheben.

Mein Tip Die Reife der Avocados können Sie mit einem Fingerdruck feststellen. Beim Schneiden müssen Sie rasch arbeiten, da das Fruchtfleisch schnell bräunlich wird, was dem Aussehen, nicht aber dem Geschmack schadet. • Die Sauce paßt zu gekochtem Huhn- und Kalbfleisch, zu Grillwürstchen und Fleischfondue.

Mandelsauce nach Türkenart

Bild Seite 47

1/2 Tasse süße Mandeln · 2 bittere Mandeln · 1/2 Tasse kernlose Sultaninen · 3 hartgekochte Eigelbe · 4–6 Tropfen Tabasco · 5 Eßl. Öl · 5 Eßl. Senffrüchte (Rezept Seite 45 oder aus dem Glas) · 1/2 Tasse Orangensaft · 2 Eßl. Honig · 2 Eßl. Zitronensaft · 2 Eßl. Tomatenketchup
Pro Person etwa 335 Kalorien/1400 Joule

- Zubereitungszeit: 20 Minuten
- Ruhezeit: 30 Minuten

So wird's gemacht: Die Mandeln heiß brühen, abziehen und trocknen lassen. Die Sultaninen in kochendheißem Wasser aufquellen lassen. • Inzwischen die Eigelbe zerdrücken und mit dem Tabasco und dem Öl (tropfenweise) zu einer Mayonnaise rühren. • Die Mandeln im Mörser fein zerstoßen. Die Sultaninen abgießen und mit den Senffrüchten feinhacken. • Die Mandeln, die Sultaninen, die Senffrüchte, den Orangensaft, den Honig – wenn er zu fest ist, leicht erwärmen –, den Zitronensaft und das Ketchup in die Mayonnaise rühren. Die Sauce 30 Minuten ziehen lassen.

Mein Tip Diese Mandelsauce paßt gut zu Fleischfondue, besonders Huhnfleisch. Auch zu gebratenem Geflügel oder Kalbfleisch und Reis sollten Sie sie probieren.

Frankfurter Grüne Sauce

Diese Sauce hat eine lange Geschichte. Schon die Römer kannten sie, italienische Kaufherren brachten sie im 17. Jahrhundert nach Frankfurt und dort wurde aus der »Salsa verde« die »Grie Soß«. Geheimrat Goethe ließ sie sich sogar mit der Postkutsche nach Weimar schicken. Und in Frankfurt kann man die erforderlichen Kräuter als fertig gemischten Strauß kaufen. Wichtig sind frische, keine getrockneten Kräuter, dank der Tiefkühlindustrie brauchen wir aber auch im Winter nicht darauf verzichten – und mindestens sieben verschiedene Kräuter sollten es sein.

100 g frische gemischte Kräuter (Dill, Borretsch, Pimpinelle, Kerbel, Kresse, Sauerampfer, viel Petersilie, viel Schnittlauch) oder 3 Päckchen tiefgefrorene gemischte Kräuter · 4 hartgekochte Eigelbe · 1/8 l Öl · 1/2 Tasse Quark oder Joghurt · 1/2 Teel. Salz · 1/4 Teel. frisch gemahlener weißer Pfeffer · 1 Prise Knoblauchpulver oder 1/2 Teel. feingehackter Knoblauch · 2 Teel. Senf · 1/8 l saure Sahne
Pro Person etwa 320 Kalorien/1340 Joule

- Zubereitungszeit: 20 Minuten
- Kühlzeit: 30 Minuten

So wird's gemacht: Die Kräuter waschen, gut abtropfen und harte Stengel entfernen, dann feinhacken. • Die Eigelbe zerdrücken und unter Rühren nach und nach das Öl zufügen, bis eine glatte Mayonnaise entstanden ist. • Den Quark oder Joghurt und die Kräuter zufügen. Mit dem Salz, dem Pfeffer, dem Knoblauch und dem Senf abschmecken. Zuletzt die saure Sahne darunterziehen und die Sauce 30 Minuten kühl stellen. Vor dem Servieren noch einmal kurz durchrühren.

Varianten: Sie können Selleriegrün, junge Spinatblätter und wenig Estragon, Löwenzahn, Liebstöckel oder Basilikum zufügen, je nachdem was Sie kaufen oder im eigenen Kräutergarten ernten können.

Mein Tip Am besten schmeckt die Grüne Sauce zu gekochtem Rindfleisch, aber auch zu gegrilltem oder gebratenem Fisch, zu Pellkartoffeln und hartgekochten Eiern.

Pfeffersauce »Ledoyen«

Bild Seite 47

1 Päckchen Bratensauce für 1/4 l · 1/2 Teel. Wildgewürz · 1/4 l Wasser · 3 Eßl. Orangenmarmelade · 3 Eßl. grüne Pfefferkörner · 2 Teel. scharfer Senf · 2 Eßl. Zitronensaft · 5 Eßl. Butter · 3 Eßl. Sherry
Pro Person etwa 240 Kalorien/1010 Joule

- Zubereitungszeit: 10 Minuten

So wird's gemacht: Die Bratensauce mit dem Wildgewürz und dem Wasser nach Vorschrift zubereiten. Keine Instant-Sauce verwenden, denn das Gewürz soll 3 Minuten mitkochen. Vom Herd nehmen und die Marmelade in der heißen Sauce auflösen. • Die Pfefferkörner, den Senf, den Zitronensaft, die Butter in Flöckchen und den Sherry zufügen und alles gut verrühren. Warm servieren.

Mein Tip Die Sauce paßt zu Wildbraten, zu Rind- und Schweinefleisch vom Grill. • Wenn Sie Wildfleischreste haben, sollten Sie den Fond mit Gewürz und Suppengrün daraus bereiten, das schmeckt noch delikater als die Bratensauce aus dem Päckchen.

Senffrüchte nach alter russischer Art

Bild Seite 48

500 g kleine Birnen · 500 g Pflaumen · 500 g Kirschen · 1/2 l Weinessig · 1/2 l Weißwein · 500 g Zucker · 3 gestrichene Teel. Senfpulver · 5 weiße Pfefferkörner
Pro Eßlöffel etwa 45 Kalorien/180 Joule

- Zubereitungszeit: 1 Stunde

So wird's gemacht: Die Birnen waschen, abtrocknen, dünn schälen und die Stiele entfernen; den Blütenansatz daranlasssen. Die Pflaumen und Kirschen ebenfalls waschen, abtrocknen und die Stiele entfernen. • Den Essig, den Wein und den Zucker verrühren und zum Kochen bringen. Der Zucker muß sich dabei ganz auflösen. Die Birnen hineinlegen und 10 Minuten bei mäßiger Hitze kochen lassen. • Die Pflaumen und Kirschen zu-

Krevettencreme, l. o., Rezept Seite 42.
Avocadowürzsauce, r. o., Rezept Seite 43.
Pfeffersauce »Ledoyen«, l. u., Rezept Seite 45.
Mandelsauce nach Türkenart, r. u., Rezept Seite 44.

fügen und weitere 3–4 Minuten mitkochen, je nachdem wie fest die Früchte sind. • Die Früchte mit einem Schaumlöffel herausheben, abtropfen und in große Einmachgläser oder einen Steinguttopf schichten. • Die Flüssigkeit unter ständigem Rühren noch so lange kochen lassen, bis sie sich zu Sirup verdickt. Vom Herd nehmen, etwas abkühlen lassen. • Das Senfpulver und die Pfefferkörner in den Zuckersirup rühren und diesen noch warm über die Früchte gießen. Die Früchte müssen bedeckt sein. Alles erkalten lassen. • Die Gläser oder den Topf mit angefeuchtetem Einmachcellophan verschließen und zubinden.

Mein Tip Senffrüchte sind ebenso wie Senfgemüse, die es fertig zu kaufen gibt, eine raffinierte Beigabe zu Schinken oder kaltem Braten. Wenn Sie kleine hübsche Gläser damit füllen, haben Sie ein originelles Geschenk für Feinschmecker.

Pallieters Zimtwaffeln

Pallieter, der fröhliche Schlemmer des flämischen Schriftstellers Felix Timmermans, liebte sie, und in ganz Belgien, Holland und Norddeutschland werden sie gern gegessen: Waffeln. Sie brauchen dazu ein elektrisches Waffeleisen. Die Anschaffung lohnt sich sicher, denn man kann dieses einfache Gebäck auch im Sommer mit Früchten und Sahne rasch zubereiten.

300 g Mehl · 10 g Hefe · 1/8 l lauwarme Milch · 1/2 Zitrone (Schale unbehandelt) · 60 g Butter · 50 g Zucker · 2 Eier · 1 Prise Salz · 2 gestrichene Teel. Zimt · 4 Eßl. Sahne · Butter für das Waffeleisen · Puderzucker

Pro Person etwa 690 Kalorien/2885 Joule

- Zubereitungszeit: etwa 25 Minuten
- Ruhezeit: 30 Minuten

So wird's gemacht: Das Mehl in eine Schüssel sieben. In die Mitte eine Vertiefung drücken und darin die zerbröckelte Hefe mit der lauwarmen Milch auflösen. Etwas Mehl darüberstäuben. Den Vorteig, mit einem Tuch bedeckt, an warmem Platz 15 Minuten gehen lassen. • Die Zitronenschale abreiben. Die Butter zerlassen, den Zucker, die Eier, das Salz, den Zimt, die Zitronenschale und die Sahne dazurühren. Die Mischung zum Vorteig geben und alles mit dem Mehl zu einem luftigen Hefeteig schlagen. Den Teig wieder 15 Minuten gehen lassen. • Das Waffeleisen anheizen und gut mit Butter ausstreichen. Etwas Teig einfüllen und nacheinander Waffeln backen. Mit Puderzucker besieben und ganz frisch servieren.

Varianten: Pallieter aß die Waffeln mit Butter und Sirup bestrichen. • Mit Himbeeren oder Erdbeeren und Schlagsahne schmecken sie ebenfalls köstlich. Sie sollten dann beim Teig den Zimt weglassen.

Bayerische Creme

Ein altes und sehr beliebtes Puddingrezept. Für eine Variante, die »Bayerische Eiercreme-Charlotte« wird die Puddingform vor dem Einfüllen der Creme mit Löffelbiskuits ausge-

◁ Als pikante Beigabe zu kaltem Braten, Schinken oder Wurst lassen sich diese Senffrüchte nach alter russischer Art, Rezept Seite 45, gut auf Vorrat bereiten.

kleidet – kaufen Sie die zarten vom Bäcker dafür. Nach dem Stürzen hat der Pudding dann einen Biskuitmantel um und wird wie eine Torte geschnitten. Diese Art stammt aus dem 18. Jahrhundert und trägt den Namen nach der englischen Königin Charlotte.

3 Blatt weiße Gelatine · 3 Eigelbe · 3–4 Eßl. Zucker · 1/4 l Milch · 1 Vanilleschote · 1/4 l Sahne
Pro Person etwa 270 Kalorien/1125 Joule

- Zubereitungszeit: 30 Minuten
- Kühlzeit: 2–3 Stunden

So wird's gemacht: Die Gelatine in kaltem Wasser einweichen und 10 Minuten quellen lassen. • Die Eigelbe in einer hitzebeständigen Schüssel mit dem Zucker schaumig rühren. Die Milch in einem Topf zum Kochen bringen. Die Vanilleschote längs aufschneiden. Das Vanillemark herauskratzen und zur Milch geben. Wenn diese einmal aufgekocht ist, sofort vom Herd nehmen. • Die Eicreme ins Wasserbad stellen und unter ständigem Rühren die Milch zugießen. So lange weiterrühren, bis die Mischung anfängt dicklich zu werden. Das Wasser im äußeren Topf darf nur leise sieden. • Die Gelatine ausdrücken, in die heiße Creme rühren, bis sie sich aufgelöst hat. Abkühlen lassen, dabei öfter umrühren. • Die Sahne steif schlagen und unter die abgekühlte, aber noch nicht ganz steif gewordene Creme ziehen. Das Ganze in eine kalt ausgespülte Puddingform füllen und im Kühlschrank in 2–3 Stunden fest werden lassen. • Stürzen und nach Belieben dekorieren.

Das paßt dazu: Fruchtsaft oder Schlagsahne.

Mein Obstsalat

Wenn Gäste kommen, serviere ich diesen Salat gerne auf einer Schale mit zerstoßenen Eiswürfeln.

1 frische Banane · 2 Kiwis · 1 große Birne · 2 weiße Pfirsiche · 1 Eßl. eingelegter Ingwer · 2 Eßl. Honig · 2 Eßl. Zitronensaft · 1 Hauch gemahlener Sternanis oder Anis · 2 Eßl. Sesamsamen
Pro Person etwa 205 Kalorien/850 Joule

- Zubereitungszeit: 10 Minuten
- Kühlzeit: 30 Minuten

So wird's gemacht: Die Banane, die Kiwis, die Birne und die Pfirsiche schälen und in Scheibchen schneiden; Birne entkernen. Den Ingwer in feinste Streifchen schneiden. Alles mischen. • Den Honig erwärmen, mit dem Zitronensaft und dem Sternanis oder Anis verrühren und über den Salat träufeln. 30 Minuten sehr kühl stellen. • Den Sesamsamen in einer trockenen Pfanne erhitzen und goldbraun rösten; abkühlen lassen und kurz vor dem Servieren über den Salat streuen.

Mein Tip Sesamsamen bekommen Sie ganz oder geschrotet im Reformhaus. Man kann ihn wie Nüsse zum Backen verwenden. Auch kaltgepreßtes Sesamöl schmeckt köstlich, nußartig.

Welches Gewürz paßt wozu?

	Suppen	Saucen	Salate	Eierspeisen	Fisch
Anis	Milch-, Brot-, Obstsuppen		Möhren-, Obstsalat		
Basilikum (frisch sparsam)	Fisch-, Tomatensuppe	Tomaten-, Kräuter-, Bratensauce	Tomaten-, Gurkensalat	Rührei, Käseomelette	gebratener, gekochter Fisch, Langustencocktail
Beifuß (frisch sparsam)	Zwiebelsuppe	Kräutersauce	Gurken-, gemischter Salat		Aal, Karpfen, gebratener Fisch
Bohnenkraut	Hülsenfrucht-, Gemüse-, Kartoffelsuppe	Salat-, braune Saucen, Kräutermayonnaise	Bohnen-, Gurken-, grüner Salat	Rührei, Spiegelei, Omelette	gebratener, gekochter Fisch
Borretsch	Kräutersuppen	Kräuter-, Salat-, Tomatensauce	Gurken-, grüner, gemischter Salat	Eierkuchen, Omelette	
Cayennepfeffer (sehr scharf)	Fisch-, Gulasch-, Ochsenschwanz-, Cremesuppen	helle Saucen, Salatsaucen	Krabben-, Tomaten-, Wurst-, Reissalat	Omelette, Spiegelei	gebratener Fisch, Eintopf, Muscheln
Chilipulver	Tomatensuppe	Ragoutsaucen	Fleisch-, Maissalat	Rührei, Omelette	gedünsteter, gebratener Seefisch
Chinesische Fünf-Gewürze		Bratensauce			
Cumberland-Sauce			Wildfleischsalat		
Currypulver	Fisch-, Pilz-, Schildkrötensuppe	Currysauce	Reis-, Eier-, Geflügelsalat	verlorene, gefüllte Eier	gekochter Seefisch, Krabben

Welches Gewürz paßt wozu?

Fleisch	Geflügel, Wild	Gemüse	Verschiedenes	Dessert, Gebäck	Rezepte
				Plätzchen, Biskuits, Kompott	Seite 49
Kalbs-, Lamm-, Schweinebraten, Frikadellen	gebratenes, geschmortes Hähnchen	Tomaten, Rotkohl, Grünkohl	Nudeln, Kräuterkartoffeln	Pizza	Seit 29, 35, 41, 45
Kalbs-, Schweinebraten, Schweinebauch	gebratene Gans, Ente, Geflügel-, Wildragout	Weißkohl, Wirsing, Eintopf			
Lammragout, gedünstetes Fleisch, Farcen		Hülsenfrüchte, Gurke, Rotkohl	Salz-, Bratkartoffeln	Käsegebäck	Seite 39, 42
Hackfleischgerichte		Weißkohl, Wirsing, Gurken, Pilze	Kräuterbutter, -quark		Seite 39, 44
Schwein, Rind, Steaks, Bratwurst, Gulasch	gebratenes Geflügel, Wildschwein	Bohnen, Blumenkohl	Risotto		Seite 26, 39, 40
Hackfleischgerichte, Tatar	Huhn mit Reis	Auberginen, Möhren, Eintopf	Aufläufe, pikanter Quark		Seite 30, 32
Schweinefleisch, Leberpastete					
Pasteten	gebratenes und kaltes Wild			Vanillepudding, Obstsalat	Seite 34
Kalb-, Lammfleisch, Leber	Hühnercurry	Auberginen, Tomaten, Paprika	Reis	Pizza	Seite 42

Welches Gewürz paßt wozu?

	 Suppen	 Saucen	 Salate	 Eierspeisen	 Fisch
Dill (frisch nicht mitkochen)	Kräutersuppen	Gemüsesaucen, Dillsauce, Kräutersauce	Gurken-, Tomaten-, Kopf-, Kartoffelsalat	Rührei, Omelette	Aal, Seefischfilet, Lachs, Krebse
Essig	Fischsuppe	Salat-, Kräuter-, helle Saucen, Marinaden, Beizen	grüne, Gemüse-, Fisch-, Fleischsalate		Fisch blau, gekocht, Fischeintopf
Estragon (vorsichtig dosieren)	Geflügel-, Fleischbrühe, Kartoffelsuppe	Sauce Béarnaise, Hollandaise, Vinaigrette, Salsa verde	Spargel-, Kartoffel-, Sellerie-, Chicorée-, grüner Salat	Omelette, Eierkuchen	Krabben, Thunfisch, Fischragout
Fenchel (vorsichtig dosieren)	Brotsuppe		grüner, Gurken-, Tomatensalat		Fischmarinade
Fines Herbes	gebundene Suppen	helle Saucen, Spargelbutter		Omelette	Lachs, Forelle, Froschschenkel
Glutamat (hebt Geschmack der Speisen)	klare Suppen mit Einlage	Bratensaucen	Geflügel-, Gemüse-, Eiersalat		gekochter Fisch
Indonesische Gewürze	Gemüsesuppe (Boemboes, Samballan)	dunkle Saucen			
Ingwer (nicht mit Kräutern)	Bohnensuppe, Obstsuppen	Käsesauce	Reis-, Geflügel-, Obstsalat		gebackener, gekochter Fisch
Kapern (nicht kochen)		Kapernsauce, Remoulade	Herings-, Wurst-, Fleisch-, Käsesalat	gefüllte Eier	gekochter Fisch, Fischragout

Welches Gewürz paßt wozu?

 Fleisch	 Geflügel, Wild	 Gemüse	 Verschiedenes	 Dessert, Gebäck	 Rezepte
Kalb-, Lammfleisch	gebratenes, gekochtes Huhn	Bohnen, Erbsen, Gurke, Pilze, Möhren	Bratkartoffeln, Kräuterbutter, -quark		Seite 25, 39, 41, 44
Kalb, Lamm, Sauerbraten, Leber, Ragout	Hühnerfrikassee, Wildragout	eingelegte Gemüse			Seite 34, 35, 40, 42, 45
Kalb, Lamm, Sauerbraten, Leber	Huhn, Ente, Gans, Wild, Ragouts	Möhren, Tomaten, Linsen, Steinpilze	Nudelgerichte, Kartoffeln		Seite 32, 39, 45
		Tomaten, Pilze			Seite 25, 39
Kalbfleisch	Geflügelfüllungen	Spargel	Kräuterbutter, -quark		Seite 32
Schwein, chines. und japan. Gerichte	Geflügelgerichte	Eintöpfe			Seite 31
gegrilltes Fleisch, Spießchen (Boemboes), Hackfleisch		Bohneneintopf	Nasi goreng		Seite 32
Kalb, Schwein, Hackfleischgerichte	Geflügelgerichte	Möhren, Kürbis, weiße Bohnen	Reis, pikanter Quark	Plätzchen, Kompott, Birnen	Seite 32, 49
Kalbsragout, Hackfleischgerichte, Tatar	Huhngerichte				Seite 30

Welches Gewürz paßt wozu?

	 Suppen	 Saucen	 Salate	 Eierspeisen	 Fisch
Kardamom (vorsichtig dosieren)	klare Bouillon		Obstsalat		gebratener Fisch
Kerbel (nicht kochen)	Kerbel-, Kartoffelsuppe	Kräuter-, Salatsaucen	Kartoffel-, Tomaten-, grüner Salat, Rohkost	Omelette, Rührei	gekochter, gebratener, gegrillter Fisch
Knoblauch (vorsichtig dosieren)	Gulasch-, Kartoffel-, Tomatensuppe, Bouillon	Knoblauch-, Tomaten-, Salatsauce	Fisch-, Tomaten-, Fleisch-, Kraut-, gemischter Salat		gegrillter, gekochter Fisch
Koriander (vorsichtig dosieren)	Hülsenfrucht-, Wildsuppe				gebratener Fisch
Kresse	Kräutersuppe, Bouillon	Kräutersauce, helle Saucen	grüner, Gemüse-, Kartoffel-, Wurst-, Tomatensalat	Rührei, Omelette, gefüllte Eier	gedünsteter Fisch, Krabben, Krebse, Langusten
Kreuzkümmel	gebundene Suppen	Currysauce	Reissalat		
Kümmel	Kartoffel-, Brot-, Pilzsuppe		Rote-Bete-, Kraut-, Wurst-, Käsesalat		gekochter Fisch, Thunfisch, Krebse
Kurkuma Turmeric		Senf-, Salat-, scharfe Cremesaucen	Fischsalat mit Mayonnaise	Rührei, Eierauflauf	Fischcurry
Lavendel (nur kleinste Mengen)		Kräutersaucen			gebratener, gegrillter, gekochter Fisch

Welches Gewürz paßt wozu?

Fleisch	Geflügel, Wild	Gemüse	Verschiedenes	Dessert, Gebäck	Rezepte
Kalb, Lamm, Hackfleischgerichte	Wildpastete		Pilaw, Reisgerichte, Punsch, Glühwein	Kompott, Melone, Gewürzbrot, Reis, Lebkuchen	Seite 32
Kalb-, Lammgerichte	Huhngerichte	Tomaten, Spinat, Erbsen	Reis, pikanter Quark		Seite 25, 32, 44
Schwein, Lamm, Schaschlik, gebratenes Hirn, Gulasch	gebratenes Hähnchen, Geflügelfüllung	Spinat, Auberginen, Paprika, Tomaten, Zucchini, Eintöpfe	Curries, gebratene Kartoffeln		Seite 29, 30–34, 40, 44
Rind-, Schweinefleischgerichte	Geflügelfüllungen, Wild-, Huhnpastete	Weißkohl, Wirsing, Möhren		Lebkuchen, Gewürzbrot, Spekulatius	Seite 32
Frikassee	Geflügelfüllung		Kressebutter, Kräuterquark, Bratkartoffeln		Seite 44
Hackbraten, Chili con carne, fernöstl. Speisen			Reistafel, Bratkartoffeln		Seite 32
Schwein, Lamm, Sauerbraten, Gulasch, Stews	Gänsebraten	Weiß-, Sauer-, Rotkohl, Wirsing, Tomaten	Pellkartoffeln, Bauernfrühstück, Quark	Kümmel-, Käsegebäck, Zwiebelkuchen	Seite 29
Rindfleisch	Hühnercurry	Essiggemüse	fernöstliche Reisgerichte		Seite 32
Hammel, Lamm, Steaks (Provence-Kräuter)		Gemüseeintöpfe			Seite 29

Welches Gewürz paßt wozu?

	 Suppen	 Saucen	 Salate	 Eierspeisen	 Fisch
Liebstöckel (vorsichtig dosieren)	Kartoffel-, Gemüse-, Cremesuppen, Bouillon	helle, braune, Béchamel-, Salatsaucen	grüner, gemischter Salat	Rührei, Omelette, verlorene Eier	gebratener, gekochter Fisch
Löwenzahn (wild, junge Blättchen)	Kräutersuppe	Kräutersauce	grüner, gemischter Salat		gegrillter Fisch
Lorbeer (sparsam verwenden)	Kartoffel-, Tomaten-, Gemüse-, Ochsenschwanzsuppe, Bouillon	braune Saucen	Heringssalat		gekochter Fisch, Krabben, Krebse
Macis Muskatblüte	Bouillon	helle Saucen		Rührei, Omelette, Soufflé	
Majoran (sparsam verwenden)	Kartoffel-, Tomaten-, Bohnen-, Gemüsesuppe	Braten-, Sahne-, Kräutersaucen	Kartoffel-, Erbsen-, Fleisch-, Fischsalat	Käseomelette	gedünsteter Fisch
Meerrettich (nicht kochen)		Meerrettich-, Tomaten-, Salatsauce	grüner, Tomatensalat	verlorene Eier	gekochter Fisch, Karpfen
Muskatnuß (vor Kindern sichern)	Geflügel-, Gemüse-, Pilzcremesuppen, Bouillon	helle, Kräuter-, Braten-, Käsesaucen, Sauce Hollandaise	Spargel-, Bohnen-, Tomaten-, Käse-, Kartoffelsalat	Rührei	gekochter Fisch
Nelke (vorsichtig dosieren)	Reis-, Erbsen-, Obstsuppe, Bouillon	braune Sauce, Pilzsauce	Rote-Bete-, Obstsalat		gekochter Fisch
Oregano	Tomaten-, Bohnensuppe, Bouillon	Tomaten-, Kräuter-, Salatsaucen	Tomaten-, grüner, gemischter Salat	Eierkuchen, Rührei, Omelette	gedünsteter Seefisch

Welches Gewürz paßt wozu?

 Fleisch	 Geflügel, Wild	 Gemüse	 Verschiedenes	 Dessert, Gebäck	 Rezepte
gekochtes, gebratenes Rind, Lammbraten, Fleischfüllung	Geflügelragout	Spinat, Kohlrabi	Bauernfrühstück, Kräuterbutter		Seite 24, 45
gegrillte Steaks, Rind und Schwein		Löwenzahngemüse, Spinat	Kräuterquark		Seite 45
gekochtes Kalb-, Rindfleisch, Sauer-, Hackbraten, Ragout	gekochtes Huhn, Wildgeflügel, -ragouts, -marinaden	Sauerkraut, Weißkohl, Auberginen, Kartoffelgemüse	Brühkartoffeln, Sülzen		Seite 24, 29, 34
Kalbsfrikassee, Pasteten	Geflügelragout		Kartoffelpüree	Lebkuchen, Apfelkompott	Seite 32
Schwein, Hammel, Leber, Nieren, Hackfleisch, Gulasch	Huhn, Ente, Gans, Ragouts, Füllungen	Bohnen, Möhren, Hülsenfrüchte, Eintopf	Bratkartoffeln, Leberknödel, Kräuterbutter		Seite 36
gekochtes Rindfleisch, Würstchen			belegte Brote		Seite 24
Schwein, Hammel, Kalb, Hackfleisch, Irish Stew	gekochtes Geflügel	Spinat, Rosen-, Blumen-, Weißkohl, Erbsen, Schwarzwurzeln	Kartoffelpüree, -klöße, Grießnockerl	Käsekuchen, Kompott, Berliner Pfannkuchen	Seite 40, 42
Schweine-, Lammbraten, Zunge, Sauerbraten	gekochtes Huhn, Wildgerichte, Wildbeize	Sauerkraut, Rotkohl	Glühwein	Pudding, Kompott, Gebäck	Seite 24, 32, 40
Schweine-, Kalbsbraten, Gulasch	Geflügelfüllungen, Wildgeflügel	Bohnen, Erbsen, Tomaten, Zwiebelgemüse		Pizza	Seite 40, 41

Welches Gewürz paßt wozu?

	 Suppen	 Saucen	 Salate	 Eierspeisen	 Fisch
Paprika (nicht in heißes Fett)	Gulasch-, Gemüsecreme-, Ochsenschwanzsuppe	Bratensaucen, Tomatensauce	Fleisch-, Geflügel-, Wurst-, Reis-, Kartoffel-, Tomatensalat	Spiegeleier, Rühreier, gefüllte Eier	gebratener Fisch, Fischgulasch
Petersilie (nicht mitkochen)	alle salzigen Suppen	Kräuter-, Salat-, Petersiliensauce, Sauce bolognese	alle salzigen Salate	Rühreier mit Tomaten, gefüllte Eier	gekochter, gebratener, gegrillter Fisch
Pfeffer grün	Tomaten-, gebundene Hühnersuppe	feine helle Saucen	gemischte, pikante Salate	Omelette	gegrillter Fisch
Pfeffer schwarz	dunkle Suppen, Bouillon (Körner)	Bratensaucen	grüne, Gemüse-, Fleischsalate		gebratener, gekochter Fisch, Aal
Pfeffer weiß	klare, helle gebundene Suppen	helle, Käse-, Salatsaucen, Remoulade	alle salzigen Salate	Rührei, Spiegelei, Omelette	gebratener, gekochter Fisch, Auflauf
Pfefferminze (vorsichtig dosieren)		Minzsauce	Obst-, Gemüse-, Gurkensalat		gekochter Fisch
Pilzpulver, Würzpilze	dunkle gebundene Suppen, Kartoffelsuppe	dunkle, Braten-, Spaghettisauce		Pilzomelette, Rührei	gedünsteter, gebratener Fisch
Piment (sparsam verwenden)	Ochsenschwanz-, Erbsen-, Gemüsesuppe, Bouillon	Braten-, Wild-, Salatsaucen	Spargel-, Obstsalat	überbackene Eier	gekochter Fisch, Austern, Marinaden

Welches Gewürz paßt wozu?

 Fleisch	 Geflügel, Wild	 Gemüse	 Verschiedenes	 Dessert, Gebäck	 Rezepte
gebratenes Rind-, Kalb-, Schweinefleisch, Gulasch, Nieren, Frikassee, Tatar	gebratenes Geflügel, Frikassee, Wildgerichte, -geflügel	Sauerkraut, Gurken, Paprika, Porree, Schwarzwurzeln, Eintopf	Bratkartoffeln, Reis, Nudeln, Quark-, Käsegerichte	Käsegebäck, Pizza	Seite 26, 29, 34, 35
Schwein, Rind, Kalb, Lamm, Hackfleisch, Innereien	Hühnergerichte, Geflügelklein	alle Gemüsegerichte	Kartoffeln jeder Art, pikanter Quark, Kräuterbutter		Seite 24, 29, 32, 34–36, 39, 40, 44
Steaks, Pasteten, Fleischfüllungen	Wildgerichte	Paprikaeintopf	Pfefferbutter, pikanter Quark		Seite 25, 45
Steak, Schweine-, Sauerbraten, Rouladen	Huhn, Ente, Puter, Gans, Wildgerichte, Beizen	alle Kohlsorten, Pilze, Erbsen, Tomaten	deftige Aufläufe, Tomatensaft	Salzgebäck	Seite 24, 29, 33–35, 40–42
Schwein, Rind, Kalb, Lamm, Hackfleisch	Geflügelgerichte	Bohnen, Blumenkohl, Kohlrabi, Pilze, Möhren	Kartoffelgerichte, Nudeln, Risotto	Pfeffernüsse	Seite 26, 30, 32, 39, 42–45
Kalb-, Hammel-, Lammfleisch		Erbsen, Möhren	Cocktails		Seite 41
Kalb-, Hackfleischgerichte, Gulasch, Bries, Hirn	Geflügelragout, Wildbraten	Paprika-, Tomaten-, Pilzgemüse, Eintopf	Risotto, Nudelauflauf		Seite 39
Lammragout, Sauerbraten, Hirn, Nieren	Gans, Wildgerichte, Beizen	Sauerkraut, Tomaten, Auberginen, Spinat		Gewürzbrot, Lebkuchen	Seite 32, 35

Welches Gewürz paßt wozu?

	 Suppen	 Saucen	 Salate	 Eierspeisen	 Fisch
Pimpinelle	Kartoffel-, Tomaten-, Pilzsuppe, Bouillon	Kräuter-, Salatsaucen	Gurken-, grüner, Tomaten-, Kartoffelsalat	Rührei, Eierkuchen	Aal, Hecht, gebratener, gekochter Fisch
Portulak (nicht mitkochen)	Kräuter-, Tomatensuppe	Kräutersauce, Vinaigrette, Remoulade	grüner, Gurken-, Tomatensalat	Rührei	
Rosmarin (frisch sparsam)	Tomaten-, Pilzsuppe, Minestrone	Tomaten-, Salat-, Kräutersaucen	Tomaten-, Käse-, Krabben-, italienischer Salat	Gemüse-eierkuchen	gebratener Fisch, Marinaden
Safran	Fleisch-, Geflügelbouillon, Fischsuppe		Reis-, Fischsalat		gekochter Fisch, Krustentiere in Sauce
Salbei (vorsichtig dosieren)	Creme-, Fischsuppen, Bouillon	Kräuter-, Salatsaucen	Fisch-, Geflügel-, grüner Salat, Rohkost	Omelette, Rührei	gebratener Seefisch, Aal, Brathering
Sauerampfer (nur frisch)	helle, Kräuter-, Kerbel-, Sauerampfersuppe	Kräutersauce, Sauce Hollandaise	Kopf-, Endiviensalat	Eierauflauf mit Kräutern	Fisch-füllungen
Schalotte (nicht braun braten)	Kräuter-, Spargelsuppe	feine helle Saucen	Kopf-, Fisch-, Tomaten-, Eiersalat	Spiegeleier	Muscheln, chines. Fischgerichte
Schnittlauch (nicht mitkochen)	Bohnen-, Tomaten-, Kartoffelsuppe, Bouillon mit Ei	helle, Tomaten-, Kräuter-, Salatsaucen	grüner, Kartoffel-, Tomaten-, Gurken-, Gemüsesalat, Rohkost	Rührei, Omelette, gefüllte Eier	gekochter Seefisch

Welches Gewürz paßt wozu?

 Fleisch	 Geflügel, Wild	 Gemüse	 Verschiedenes	 Dessert, Gebäck	 Rezepte
Ragout, Frikassee		Kohlrabi, Gurken, Tomaten	Kräuterquark		Seite 29, 44
Grilladen, Steaks		Tomaten, Eintopf	Kräuterquark		
Schwein, Rind, Kalb, Lamm, Grilladen	geschmortes Huhn, Wildgerichte	Tomaten, Pilze, Gurke, Auberginen	Bratkartoffeln	Pizza	Seite 26, 29, 33
Lamm-, Hammelgerichte, Leber	Geflügelgerichte	Spargel, Tomaten	Reisgerichte	Grießbrei, Pudding, Gebäck	Seite 33, 34
Schweine-, Hammel-, Kalbsbraten, -koteletts, Schinken, Leber	Huhn, Ente, Gans, Puter, Wild, Wildgeflügel	Erbsen, Bohnen, Tomaten, Rosenkohl, Zwiebelgemüse	Teigwaren	Salbeiküchlein	Seite 26
Kalbsfilet		Sauerampfergemüse (wie Spinat)	Kräuterquark		Seite 44
Ragouts, französische, chinesische Gerichte, Steaks	Geflügelgerichte		Schalottenbutter		Seite 31, 39
gekochtes Rindfleisch, Ragouts		Möhren, Erbsen, Blumenkohl, Pilze	Kartoffeln, pikanter Quark, belegte Brote		Seite 30,32, 44

Welches Gewürz paßt wozu?

	Suppen	Saucen	Salate	Eierspeisen	Fisch
Selleriegrün (nicht mitkochen)	Kartoffel-, Selleriecremesuppe, Bouillon	Salatsaucen	Sellerie-, Kartoffel-, Gemüse-, Eiersalat	gefüllte Eier	gekochter Fisch
Senf		Salatsaucen, Mayonnaisesaucen	süßsaure, pikante Salate		Fischmarinade (Senfkörner)
Sesam (geröstet nußartig)		Salatsaucen (Sesamöl, -paste)	Geflügelsalat		
Sojasauce	Bouillon, dunkle Suppen	braune, Grill-, Salatsaucen	pikante Salate		chines. Fischgerichte, Marinaden
Sternanis (vorsichtig dosieren)	Obstsuppen		Obstsalat		
Tabasco (tropfenweise)	Fisch-, Muschelsuppe	dunkle, Bratensauce, Mayonnaise	Fisch-, Hummer-, Krabbensalat	Rührei	Austern, Hummer, Krevetten, Marinaden
Thymian (sparsam verwenden)	Bohnen-, Tomaten-, Kartoffel-, Fisch-, Gemüsesuppe	Kräuter-, Tomaten-, Salatsaucen	Bohnen-, Kartoffel-, Tomatensalat, rote Bete	Omelette, Eier in Förmchen, Rührei	gebratener, gekoch. Fisch, Muscheln, Krebse
Tripmadam (frisch verwenden)	Kräutersuppe	Kräuter-, Salatsauce	Kopf-, Gemüsesalat, Rohkost		Aal, fetter Fisch
Trüffel		feine Saucen, Sauce Périgord	Geflügel-, feine Fleischsalate		Hummer

Welches Gewürz paßt wozu?

 Fleisch	 Geflügel, Wild	 Gemüse	 Verschiedenes	 Dessert, Gebäck	 Rezepte
gebratenes, gegrilltes Fleisch, Hackbraten, Ragouts	Geflügelpasteten, -füllungen	Blumenkohl, Tomaten, Eintopf			Seite 45
Schweinebraten, Rouladen, Marinaden (Senfk.)	Wildmarinaden (Senfkörner)	eingelegte Gemüse, Gurken (Senfkörner)			Seite 32, 34, 44, 45
oriental. und amerikan. Rind- und Schweinefleischgerichte	Geflügelgerichte, -leber, panierte Schnitzel		Sesambutter	Kuchen, Brötchen, Halva (türkisch)	Seite 31, 49
dunkles Fleisch, gegrillt, gebraten	Huhn, Ente, Wildmarinade	Sauerkraut, Erbsen, Kohl	Reis-, Nudelgerichte		Seite 31
Schwein (chinesisch)	Huhn, Ente (chinesisch)		Grog, Punsch	Pudding, Lebkuchen, Kompott	Seite 49
Kalbsfrikassee, lateinamerikan. Gerichte	gegrilltes Geflügel	weiße Bohnen, Weißkohl, Tomaten	Reisgerichte, Cocktails, Tomatensaft		Seite 34, 44
Rind, Kalb, Schwein, Lamm, Hackfleischgerichte	Huhn, Puter, Geflügelfüllungen, Wild, Wildragout	Hülsenfrüchte, Tomaten, Möhren, Pilze, Eintopf	Kartoffelgerichte	Pizza	Seite 29, 34, 35, 39
Rindfleisch, Schweinebraten		Bohnen, Erbsen, Möhren	Kartoffelgerichte		
feines Fleisch, Pasteten, Füllung, Galantine	feine Geflügelgerichte, Pasteten		Risotto, Bagna cauda		Seite 43

Welches Gewürz paßt wozu?

	 Suppen	 Saucen	 Salate	 Eierspeisen	 Fisch
Vanille	Obst-, Milchsuppe	Obst-, Vanille-, Schokoladensauce	Obstsalate	süße Eierspeisen, Kaiserschmarrn	
Wacholder (sparsam verwenden)	Wildsuppen	Braten-, Wildsaucen, Beizen	Fischsalat		gekochter Fisch, Marinade
Waldmeister	Obstsuppen		Obstsalate, Rohkost		
Wermut (vorsichtig dosieren)			gemischter Salat (Schüssel nur ausreiben)		Seezunge
Worcester-Sauce (sparsam verwenden)		Cocktailsaucen	Fisch-, Fleischsalate	Spiegeleier	Fischragout
Ysop (nur frisch)	Bohnen-, Kartoffelsuppe	Salatsaucen	Kartoffelsalat	gefüllte Eier	Fischeintopf
Zimt	Milch-, Obst-, Weinsuppe	Wein-, Obstsaucen	Obstsalate	süße Eierkuchen	
Zitrone (Schale unbehandelt)	Obstsuppen, Bouillon	Salatsaucen	alle grünen, frischen Salate, Obstsalat		Fisch blau, paniert, gegrillt
Zitronenmelisse (nicht mitkochen)	Gemüse-, Kohlsuppe	Kräuter-, Salatsauce	Blattsalate, Rohkost		Fischfüllung
Zwiebel	Bouillon, Kartoffel-, Gemüse-, Tomaten-, Zwiebelsuppe	helle, dunkle, Salatsaucen	grüner, Tomaten-, Kartoffel-, Wurstsalat	Pilzomelette	gekochter Fisch, Eintopf, Hering

Welches Gewürz paßt wozu?

 Fleisch	 Geflügel, Wild	 Gemüse	 Verschiedenes	 Dessert, Gebäck	 Rezepte
			süße Aufläufe	Milchreis, Pudding, Quark, Kuchen, Keks	Seite 49
Rinds-, Hammelragout, Sauerbraten	Huhn-, Wildragouts, Wildbeizen	Sauerkraut, Rotkohl, Tomaten			Seite 24, 35
			süße Aufläufe, Bowlen	Geleespeise	
fettes Schweine-, Hammelfleisch, Eisbein		Rübengemüse			
Ragoût fin, Kalbsfilet, Leber	Geflügelragout, feine Wildgerichte	Schwarzwurzeln	Pastetchen, Toasts		Seite 35
Schweinebraten, Rouladen, kalter Braten		Bohnen	Leberknödel		
Sauerbraten			süße Aufläufe	Milchreis, Apfelspeisen, Gebäck	Seite 32, 40, 46
Kalbsfrikassee, panierte Schnitzel	Backhendl	Rotkohl, Wirsing		Kompott, Gebäck, Glasuren	Seite 25, 41–46, 49
Kalbsragout, Leber, Sülze	Hähnchen, Puter, Wildgerichte	Möhren	Kräuterquark, -butter, frische Getränke		Seite 25
Kalb, Schwein, Rind, Lamm, Hackfleisch, Innereien	geschmortes Geflügel, Wildbeizen	Hülsenfrüchte, Kohl, Paprika, Zucchini, Möhren, Pilze	Reisgerichte, Aufläufe	Zwiebelkuchen	Seite 24, 25, 29–33, 35, 36, 40–42

Womit man noch würzen kann

Fixfertige Mischungen

Für fast jede Würzsituation werden uns fertige Mischungen und Saucen angeboten. Wir können damit zwar nicht mehr so individuell würzen, aber wenn es schnell gehen soll, sind sie überaus praktisch. Die zahlreichen Kompositionen, die von Hersteller zu Hersteller variieren, kann ich hier nicht alle aufzählen. Ihre Verwendung ergibt sich meist schon aus dem Namen oder aus entsprechenden Hinweisen auf Dose, Päckchen oder Flasche. Einige Standardwürzen empfehle ich Ihnen für Ihren Vorrat. Ergänzen werden Sie dann ohnehin nach persönlichem Geschmack.

Empfehlenswert ist ein kleiner Vorrat an Würzsaucen und -mischungen, falls es einmal schnell gehen muß.

Barbecue-Sauce: Grillsauce aus Tomaten, Zwiebeln, Zucker, Salz, Knoblauch, Essig, Worcester-Sauce und Gewürzen.
Bouquet garni: Kräutermischung aus der französischen Küche mit Petersilie, Thymian, Lorbeerblatt, auch noch Basilikum, Selleriegrün, Kerbel, Estragon oder Rosmarin. Wird als Sträußchen oder in Mullbeutelchen mitgekocht und danach entfernt.
Chilipulver: Lateinamerikanische Gewürzmischung, siehe auch Seite 10.
Chilisauce: Süß-pikante englisch-amerikanische Version aus Chillies, Tomaten, Zwiebeln, Essig, Salz, Zucker u. a. Sehr scharfe chinesische Version ähnlich Tabasco.
Chinesische Fünf-Gewürze: Sehr scharfe Mischung aus Pfeffer, Sternanis, Fenchelsamen, Nelken, Zimt.
Chutneys: Fruchtig-marmeladenartige Würzsaucen von süß bis scharf aus der indischen Küche. Original aus Mango, Ingwer, Rosinen, Zucker, Essig und Gewürzen. Auf Mango-, Zwiebel-, Senf-, Pilz-, Pfeffer- oder Preiselbeerbasis angeboten.
Cumberland-Sauce: Fruchtig-pikante Sauce aus Rotwein, Johannisbeergelee, Orangen, Senf und Gewürzen.
Currypulver: Indische Gewürzmischung, siehe Seite 11.
Currysauce: Fertigsauce aus Currypulver, Apfelpüree, Geflügelfett, Salz und Zucker.
Essig: Rotwein-, Weißwein-, Zitronen-, Kräuteressig oder Essig mit einem bestimmten Kraut (Estragonessig), dessen Aroma mitwürzt. Verwenden Sie nur Qualitätsessig.
Fines Herbes: Klassische französische Kräutermischung, frisch aus Schnittlauch, Kerbel, Petersilie und Estragon. Getrocknet weniger zu empfehlen.
Herbadox: Kräuterauszug mit Fleischextrakt und Essig.
Indonesische Gewürze: Die wichtigsten sind Boemboes, Mischgewürze aus Zwiebeln, Gemüse und Gewürzen, und Samballan, Pasten von mild bis sehr scharf auf Paprikaschotenbasis (auch in der chinesischen Küche verwendet).
Ketchups: Fruchtige mild bis scharfe Saucen auf Tomatenbasis mit Zucker, Essig, Salz, Pfeffer, Zitrone, Senf, Ingwer, Nelken, Zimt. Sie passen nicht immer und zu allem, wie manche glauben.

Kräutermischungen: Italienische Kräuter aus Oregano, Rosmarin, Basilikum, Salbei u. a. oder aus Majoran, Thymian, Rosmarin, Bohnenkraut, Salbei u. a. – ich mag die erste Mischung lieber. Provence-Kräuter aus Rosmarin, Lavendel, Basilikum, Thymian, Lorbeer, oft auch Fenchel.
Pfeffermischungen: Chinesischer oder Szetschuan-Pfeffer aus Pfeffer und Salz, geröstet, feingemahlen; Lemon-Pepper mit Zitrone; gewürzter Pfeffer aus schwarzem und grünem Pfeffer, Zucker und Gewürzen.
Salzmischungen: Würzen zart und salzen zugleich. Knoblauch-, Zwiebel-, Sellerie-, Kräuter-, Rauchsalz (gibt Fleisch Grillgeschmack); gewürztes Salz mit Zwiebel, Knoblauch, Zukker, Glutamat, Kräutern und Gewürzen.
Speisewürze: auch als Suppenwürze oder flüssige Würze bekannt. Aus Eiweißstoffen mit Kräuter-, und Pilzauszügen sowie Gewürzen.
Streuwürze: Glutamat mit Fett, Pflanzeneiweiß, Kohlenhydraten, Salz und Gewürzen.
Suppengrün: Aus Möhre, Sellerie mit Grün, Porree, Petersilienwurzel; auch tiefgefroren angeboten. In Frankreich Mirepoix aus Sellerie, Möhre, Zwiebel, Thymian.
Tabasco: Sehr scharfe Würzsauce aus Chillies, siehe Seite 10.
Vanillinzucker: Zucker mit künstlichem Vanillearoma.
Worcester- oder Worcestershire-Sauce: In England erfundene scharfe Würzsauce aus Soja, Zwiebel, Knoblauch, Fleischextrakt, Essig, Salz u. a.

Von Alkohol bis Zucker

Raffinierte Köche würzen mit den verschiedensten Zutaten, die eigentlich keine Gewürze sind. Sie machen durch ein Löffelchen Honig oder einen Schluck Cognac eine gewöhnliche Sauce zur Delikatesse. Grill-Liebhaber wissen, daß man auch mit dem Rauch bestimmter Hölzer würzige Grilladen erzielen kann. Hier einige Tips, womit Sie noch würzen können:

Alkohol: Aromatische Spirituosen, siehe auch unten. Flambieren mit Weinbrand, Whisky, Rum, Obstgeist, Anis- oder Wacholderschnaps u. a. Feinschmecker flambieren nicht um der Show willen, sondern mit Maßen. Sie verwenden nur gute Spirituosen. Der Alkohol verbrennt, das Aroma würzt die Speise. Liköre zum Flambieren im Löffel erwärmen und entzünden, sonst brennen sie nicht gut.
Angostura: Ein Bitter-Likör – tropfenweise – für Cocktails, Früchte (Bananen), feine helle Saucen, klare Bouillon, grünen Salat.
Buttermilch: Für Fleisch- und Wildbeizen, Eierkuchenteig, Süßspeisen, Kuchen.
Fischpasten: Kaviarcreme und Sardellenpaste für pikante Salate, helle Saucen, Eierspeisen, Fischfüllungen. Sardellenfilets für Pizza und Toasts. Salzig!
Fleischextrakt: Konzentrierte Fleischbrühe zum Verfeinern von Suppen, Saucen, Fleischgerichten. Preiswerter sind Fleischbrühwürfel; weniger intensiv.
Hefeflocken: Auch Hefeextrakt, sehr eiweiß- und vitaminreich, zum Würzen von Suppen, Gemüse, Salat (Fleischbrühgeschmack); auch zum Andicken von Suppen und Saucen.
Honig: Hell, von zartem Aroma, für Aufläufe, Süßspeisen, helle Fischsaucen, Dosengemüse. Dunkel, herb-würzig, für dunkle Saucen, dunkles Fleisch, Wild, Kraut. Honig nie mitkochen!
Joghurt: Wie saure Sahne, aber kaloriensparender zu verwenden; für Lammfleisch, Geflügel, Curries, Pilaws, Salatsaucen.

Käse: Geriebener Hartkäse für Aufläufe, Teigwaren, Toasts, Salzgebäck. In Italien würzt Parmesan fast alles! Vollfetter und Schmelzkäse für Suppen, Saucen, Gemüse-, Reis- und Teigwarengerichte, Aufläufe, Toasts. Weißkäse (Frischkäse, Schafskäse, Roquefort u. a.) für Salate, zu Früchten.
Kaffee: Pulverkaffee oder starker Aufguß für Füllungen, Glasuren, Cremes, Eis, Gebäck und Konfekt.
Kakao: Ebenso wie Schokolade für süße Saucen, Puddings, Cremes, Kuchen, Gebäck, Glasuren. In Spanien, Italien und Mexiko auch für Fleisch- und Fischgerichte.
Likör: Cointreau, Maraschino, Kirsch-, Brombeer-, Aprikosen- u. a. aromatische Liköre für Aufläufe, Cremes, Obstsalat, Eis, Cocktails und zum Flambieren.
Nüsse: Erdnüsse, Kokosnuß für Saucen, Aufläufe; Haselnüsse, Mandeln für Saucen, Geflügelfleisch (zum Panieren) und Gebäck; Walnüsse für Geflügelsaucen und -füllungen ebenso wie Maronen; Pistazien für Pasteten, Käsespeisen, Obstsalat, Eis.
Obstbranntweine: Himbeergeist, Kirschwasser u. a. wie Likör.
Oliven: Grün, auch gefüllt, oder schwarz für Fisch, Geflügel, Hackfleischgerichte, Ragout, Füllungen, Reisgerichte, Pizza, südländische Gemüse, pikante Salate.
Pilze: Champignons – frisch roh feiner Nußgeschmack für feine Salate –, Pfifferlinge, Steinpilze, Morcheln, Trüffel und viele anderen für Suppen, Saucen, Ragouts, Hackfleischgerichte, Pasteten, Kalbfleisch, Geflügel, Reisgerichte. Frisch am besten; getrocknet rechtzeitig einweichen.
Saure Sahne: Für Suppen – verfeinert Fertigsuppen sehr –, Saucen, Marinaden, Gulasch, Salate – macht Gurkensalat bekömmlicher.
Südwein: Dessertweine mit typischem Geschmack, vor allem Portwein für Suppen (Ochsenschwanz), Madeira für Wild, Steinpilze, Sherry für Haus- und Wildgeflügelgerichte, Frikassee, Innereien, Käsecreme; Sake (Reiswein) für ostasiatische Gerichte, kann durch Sherry ersetzt werden.
Wein: Für Suppen, Saucen, feine Fleisch- und Geflügelgerichte, Schinken, Gelees und Süßspeisen. Rotwein besonders für dunkle Suppen, Gulasch, Wild und Wildbeizen. Weißwein gut für helle Suppen, Fisch (Fischsud), Geflügel, Frikassee. Sekt für Wildgeflügel, Sauerkraut. Verwenden Sie keine zu billigen Sorten. Der Alkoholgehalt ist unbedenklich.
Weinbrand: Vor allem Cognac, auch Armagnac, für feine Saucen und Fleischgerichte, Geflügel, Cocktailsauce, Obstsalat und zum Flambieren.
Zucker: Auch Instant-Zucker, der sich rascher auflöst, in kleiner Menge zum Abrunden von Saucen, Suppen, Gemüse, Salat, manchmal zum Anbräunen von Fleisch.

Rezept- und Sachregister

GU Küchen-Ratgeber

Alles, was gut schmeckt! Tolle Rezepte von gestern und heute. Die beliebten Küchen-Ratgeber – zum Sammeln wie geschaffen. Jeder Band mit 56–72 Seiten, 10–25 Farbfotos, vielen Zeichnungen, Paperback.

Wählen Sie aus:

- Köstliche Aufläufe
- Backen nach Großmutters Art
- Selber Brot backen
- Köstliche Ei-Gerichte
- Selber einmachen
- Köstliche Eintöpfe aus aller Welt
- Köstliche Fisch-Gerichte
- Reizvolle Fleisch-Rezepte
- Reizvolle Fondue-Rezepte
- Köstliche Geflügel-Gerichte
- So schmeckt's vom Holzkohlengrill
- Reizvolle Rezepte mit Käse
- Reizvolle Kartoffel-Gerichte
- Kochen mit Knoblauch
- Küchenkräuter selbst gezogen
- Köstliche Lamm-Spezialitäten
- Mixgetränke – mit und ohne Alkohol
- Nudel-Variationen
- Pizza, Calzone und Focaccia
- Plätzchen selbst gebacken
- Köstlichkeiten mit Quark und Joghurt
- Raffiniert würzen – leicht gemacht
- Reizvolle Rezepte für 1 Person
- Bunte Salate mit Variationen
- Köstliche Saucen selbst gemacht
- Gutes aus dem Schnellkochtopf
- Toast raffiniert
- Kochen mit Tomaten
- Vollkorn-Rezepte
- Wildgerichte – leicht gemacht
- Köstliches aus dem Wok
- Kochen mit Zwiebeln
- Chinesisch kochen – leicht gemacht
- Echt französisch kochen
- Echt griechisch kochen
- Indonesisch kochen – leicht gemacht
- Echt italienisch kochen
- Echt provenzalisch kochen

GU Gräfe und Unzer

4. Umschlagseite
Hase nach Winzerart, Rezept Seite 34, ist ein köstliches und dabei einfaches echt französisches Rezept.

Wichtige Gewürze, Farbtafel nebenstehend

1 Safran
2 Senfkörner
3 Nelken
4 Paprika
5 Muskatblüte (Macis)
6 Zimt
7 Piment
8 Ingwer
9 Kardamom
10 Pfeffer, weiß
11 Pfeffer, schwarz
12 Knoblauchpulver
13 Kardamom
14 Oregano
15 Anis
16 Fenchel
17 Lorbeer
18 Chillies
19 Vanille
20 Currypulver
21 Wacholderbeeren

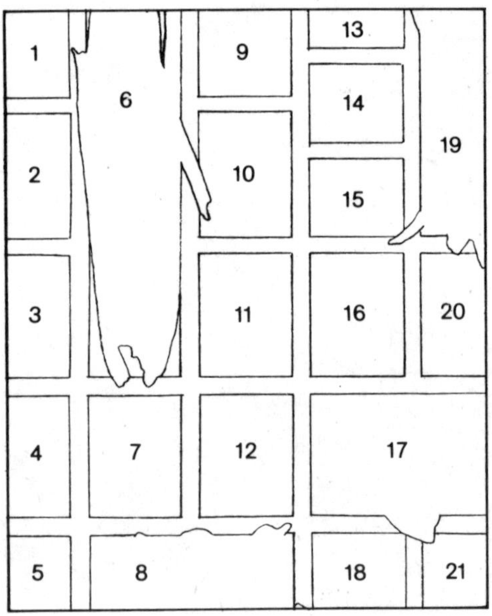